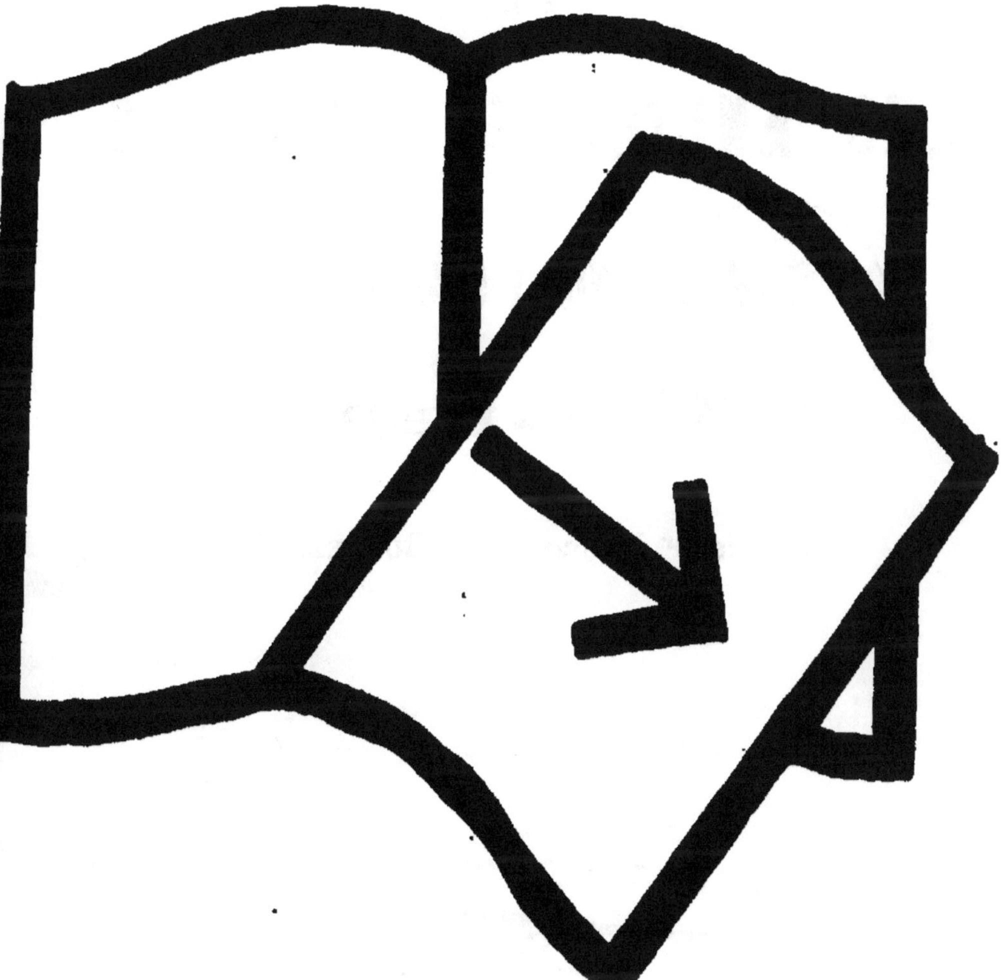

Couvertures supérieure et inférieure manquantes

CONFÉRENCES

SUR

LES ANCIENNES ABBAYES

ET LES VIEUX CHATEAUX

DU BAS-BERRY,

Par le Dr FAUCONNEAU-DUFRESNE.

CHATEAUROUX,
TYPOGRAPHIE ET LITHOGRAPHIE E. MIGNÉ.

1876.

AVERTISSEMENT.

Cet aperçu sur les Abbayes et les Châteaux du Bas-Berry a été commencé dans le but de faire des conférences au Cercle catholique de Châteauroux ; mais une seule y a été lue. Le travail, une fois commencé, a été continué sous le même titre.

L'auteur doit presque demander pardon à ses lecteurs d'une publication entreprise à l'improviste et sans de suffisantes études préliminaires. Il s'est servi des matériaux qu'il a recueillis dans les *Esquisses pittoresques* de M. de La Tramblais, de documents puisés dans les *Comptes-rendus de la Société du Berry*, ou répandus dans divers recueils. Ses recherches spéciales, celles surtout faites dans l'*Inventaire des titres du duché de Châteauroux*, ont été aussi mises à profit. Mais tous ces renseignements, réunis à la hâte, n'ont pu aboutir qu'à une œuvre incomplète, disparate, et qui mériterait d'être recommencée.

La voie, toutefois, est ouverte, et il serait à souhaiter qu'un éditeur obtînt un assez grand nombre de souscripteurs pour qu'il soit possible d'accompagner les descriptions de gravures, de lithographies et de photographies. L'intérêt serait de suite doublé, car il est toujours utile de parler aux yeux en même temps qu'à l'esprit.

Châteauroux, le 1876.

Dr Fauconneau-Dufresne.

COUP-D'ŒIL

SUR

LES ANCIENNES ABBAYES

DU BAS-BERRY.

Ire Conférence faite, le 13 avril 1876, au Cercle catholique de Châteauroux.

MESSIEURS,

M. le curé Le Sachet étant venu me demander si je consentirais à faire quelques conférences au Cercle catholique, je me suis empressé d'accepter sa proposition, et j'ai choisi pour sujet de cette première conférence un *aperçu général sur les anciennes abbayes du Bas-Berry* qui constitue aujourd'hui notre département de l'Indre.

D'abord, qu'entend-on par *abbaye?* Une abbaye est une réunion d'hommes qui a pour supérieur un abbé, ou de filles qui a pour supérieure une abbesse. Les mots *monastère* et *couvent* ont à peu près la même signification. Le *prieuré* est également une communauté religieuse d'hommes sous la conduite d'un prieur ou de filles sous la conduite d'une prieure; mais les prieurés avaient toujours un personnel très-restreint et dépendaient d'une abbaye.

Le but des abbayes était la prière, l'élévation de l'âme vers Dieu. Les ordres religieux étaient l'asile de la vertu; ils veillaient sur la pureté des mœurs. C'était dans les cloîtres que le catholicisme trouvait ses plus intrépides auxiliaires. Dès qu'une hérésie apparaissait, les hommes de la solitude descendaient dans l'arène. On vit saint Antoine venir à Alexandrie défier les sectateurs d'Arius. Lorsque le fanatisme des Albigeois se répandit dans nos provinces du midi, saint Dominique institua son ordre des prédicateurs dans le but de régulariser la défense. A l'époque où Martin Luther proclama ses audacieux symboles, les enfants des cloîtres se groupèrent aussitôt autour de l'unité catholique. Les ordres monastiques ont *donc* toujours exercé, sur l'idée religieuse, une salutaire influence par leur action conservatrice. De l'ombre de leurs cellules se sont élancés des apôtres pour porter la religion chrétienne dans les coins les plus reculés du monde.

Mais on doit, de plus, aux abbayes, d'avoir recueilli et conservé l'héritage des lettres grecques et romaines et de les avoir sauvées de la barbarie du moyen âge. A la chute des sociétés païennes, leur littérature, leur histoire, leur philosophie, leurs sciences et leurs arts seraient tombés dans l'oubli, si les couvents, placés plus en dehors des révolutions politiques, ne se fussent pas trouvés dans ces conditions favorables. Que de patientes recherches, que de veilles laborieuses n'a-t-il pas fallu pour remplir cette difficile mission! Dans ces temps où l'ignorance était un honneur, on comprendra le dévouement des moines, pâlissant, nuit et jour, sur les vieux manuscrits, sans espoir d'encouragement et de gloire. L'imprimerie n'existait pas encore. Il fallait copier minutieusement des ouvrages originaux, obscurcis par la poussière des siècles, et réunir, à une critique éclairée, une connaissance approfondie des anciennes civilisations.

La civilisation moderne doit *donc* aussi aux ordres monastiques ses premiers progrès dans les sciences, la littérature et les arts.

Les monastères ne se sont pas bornés à exercer une action de conservation sur les œuvres de l'intelligence. Lorsque les ténèbres du moyen âge furent dissipées, les cloîtres abandonnèrent sans peine leur glorieux monopole et répandirent le fruit de leurs laborieuses veilles. Ils se mêlèrent avec les nouveaux savants qu'ils avaient en quelque sorte formés par la prédication et par l'enseignement.

« La vie monastique, a écrit M. Guizot, fut très-
» active. Elle alluma un développement de foyer in-
» tellectuel. Les monastères du Midi et de la Gaule
» furent les écoles philosophiques du christianisme. La
» conservation des chefs-d'œuvre produits par les an-
» ciens fut un grand miracle des siècles barbares, et
» l'Église latine, qui garda un si précieux dépôt, peut
» être comparée à cette arche du déluge qui sauva du
» naufrage universel toutes les merveilles vivantes de
» la création. »

Les missionnaires des établissements monastiques, non-seulement ont porté dans les pays éloignés le christianisme, mais en même temps la civilisation avec les sciences et les arts de l'Europe.

Enfin, Messieurs, ne doit-on pas aux ordres monastiques ces antiques monuments élevés par la foi chrétienne, dont les restes mutilés réveillent au fond du cœur de si puissantes émotions, et où le pauvre trouvait toujours l'aliment de la faim et le vêtement de sa nudité. Les petits enfants venaient y sucer le lait de la doctrine et la jeunesse les trésors de la science.

Mais, parmi les ordres qui ont conservé le dépôt des sciences et des lettres et qui les ont répandues, il faut placer en tête l'*ordre de Saint-Benoit*. Nous avons eu, dans notre Bas-Berry, un certain nombre de maisons très-importantes de cet ordre dit des Bénédictins (de *Benedictus*, nom latin de Benoit). Les principales étaient Déols, Saint-Gildas, Fontgombaud, Méobec, Saint-Cyran, Saint-Genou et Saint-Benoit du Sault.

Je vous dirai l'origine de cet ordre, avant d'entrer dans les détails de ses établissements.

Benoit, d'une illustre famille patricienne d'Italie, naquit en l'an 480. Il reçut au baptême le nom de *Benedictus*. A peine sorti de l'enfance, ses parents l'envoyèrent à Rome pour y cultiver son esprit par l'étude des belles-lettres. Rome était la maitresse du monde et ses écoles jouissaient d'une grande renommée. Les succès du jeune Benoit furent brillants et sa conduite exemplaire. Un grand mouvement s'opérait alors dans la religion ; on voulait refouler l'hérésie hors de l'Église. Ce mouvement, qui s'était communiqué de l'Égypte à l'Europe, répandait le goût de la vie ascétique et s'appuyait sur les nombreux monastères pour résister aux envahissements de l'erreur. Benoit, que la Providence destinait à devenir le fondateur de l'ordre le plus étendu qui ait existé dans l'Église, voulant prier et méditer en silence, se décida subitement pour la vie érémitique. Il fixa sa demeure au milieu d'une chaine de montagnes, près de Tivoli, dans le creux d'un rocher, d'où jaillissait une eau pure. Il y passa trois ans. Un vieillard, qu'il avait mis dans le secret de sa retraite, lui faisait descendre chaque semaine, par une fissure de la roche, un morceau de pain noir et desséché.

Mais, en 510, sa retraite ayant été découverte, des moines de Vicovaro, près Tivoli, le choisirent pour succéder à leur abbé qui venait de mourir. Benoît s'en défendit longtemps et finit par céder à leurs instances réitérées. Le zèle, qui était dans sa nature, déplut aux moines, qui se repentirent d'avoir choisi un directeur aussi rigide. Il retourna à sa grotte; mais sa renommée s'était répandue au loin. Des laïques voulurent devenir ses disciples. Le nombre en devint si considérable qu'il fallut établir une organisation régulière On construisit douze monastères aux environs de sa grotte, composés chacun de douze moines et d'un abbé; ce fut dans ces établissements que Benoît, en 520, commença à essayer les idées et les institutions par lesquelles la vie monastique devait être réglée. Des personnages riches et puissants venaient de Rome, et de villes plus éloignées encore, pour contempler ce saint, s'édifier de ses exemples et se nourrir de sa parole.

Benoît eut aussi ses ennemis. Poursuivi par Théodoric, il se réfugia au mont Cassin, où il jeta les fondements de ce célèbre monastère. C'est au milieu de ces rochers que les lettrés, fuyant la barbarie, vinrent cacher les écrits d'Homère, d'Aristote, de Platon, d'Hérodote, de Virgile, de Tacite, de Tite-Live, d'Horace, c'est-à-dire le génie même de l'antiquité. Le mont Cassin fut le berceau et comme la métropole de l'ordre des Bénédictins. Là, Benoît se vit bientôt entouré d'une nouvelle multitude d'hommes qui demandaient à vivre sous sa conduite. Il publia alors la *règle de la vie monastique* qui devint la loi générale des moines d'Occident. Saint Benoît y prescrit, d'une manière spéciale, l'obéissance absolue et l'humilité. Le chef était choisi par ses frères; mais une fois élu, les frères perdaient leur liberté. On faisait un noviciat de plus d'un an. Les vœux solennels étaient une condition essentielle de cette vie monastique. Le travail manuel était imposé aux moines; car l'Europe étant inculte, il fallait créer de nombreuses colonies de défrichement. Partout, en effet, les bénédictins ont introduit les semences fécondes de l'agriculture. Au travail manuel se joignit celui de la lecture et de la transcription des auteurs anciens. Cette lecture donna bientôt aux moines le goût des sciences et des beaux-arts, ce qui rendit les bénédictins, pendant la longue période du moyen âge, les dépositaires des secrets de l'antiquité. Ils nous transmirent aussi les événements contemporains, et ce furent eux surtout qui, lorsque l'Europe sortit des ténèbres de l'ignorance, entrèrent dans la lice intellectuelle avec les précieux trésors qu'ils avaient recueillis.

Les disciples de saint Benoît se répandirent dans le monde entier, et l'ordre des Bénédictins compta jusqu'à 37,000 maisons. Il a produit un nombre incalculable d'hommes illustres. Parmi les plus célèbres congrégations de cet ordre, il faut citer les moines de Saint-Maur, dont le savoir est devenu proverbial, et qui retrouvèrent, par des peines infinies, les manuscrits antiques, ensevelis dans la poudre des premiers monastères. Leur entreprise littéraire la plus effrayante, si l'on peut parler ainsi, fut l'édition complète des Pères de l'Église qui forme plus de cent cinquante volumes in-folio.

Saint Benoît ne jouit pas, cependant, du développement de son œuvre. Frappé au cœur par la mort de sa sœur Scholastique, il traîna, pendant une année, une vie languissante, épuisée par le jeûne, la prière et les travaux. Il mourut le 31 mars 543. Il avait soixante-trois ans. Il en avait passé quatorze au mont Cassin.

Depuis l'an 900, son ordre s'est divisé en plusieurs branches. De là sont sortis les Camaldules, les Cisterciens, les Gilbertins, les Sylvestriens, les moines de Fontevrault, de Valombreuse, de Gramont.

La courte notice, que je viens de rapporter sur saint Benoît, doit vous donner, Messieurs, la mesure de l'intérêt qui s'attache aux abbayes de notre département qui obéissaient à cette règle. En premier lieu, je dois m'occuper de celle qui est, pour ainsi dire, sous vos yeux et dont il ne reste que l'un des clochers qui fait encore l'admiration des architectes archéologues. Vous avez déjà nommé *l'abbaye de Déols*.

Ebbes, surnommé le Noble, descendant d'une famille qui régnait dans notre pays et dont l'origine se perd dans la nuit des temps, Ebbes le Noble avait été à Jérusalem. A son retour, il avait jeté, dans l'enceinte de son propre palais, les fondements d'un monastère. Cet acte eut lieu, en 917, avec une grande cérémonie. Il avait convoqué à Bourges une nombreuse assemblée de seigneurs et de prélats. Le vieux Guillaume, duc de Guyenne, s'y rendit avec son cortége de feudataires. Des évêques, ceux de Limoges et de Clermont en particulier, s'y trouvèrent. Tout se passa en public, avec les formes et la solennité de langage usitées alors. Des dons importants furent la dot de la nouvelle abbaye. C'étaient les chapelles de Notre-Dame et de Saint-Martin à Déols, la chapelle Sainte-Marie, quinze maisons, la chapelle et les moulins de Saint-Denis, les deux moulins de la Rochette, la chapelle et le moulin de Saint-Germain à Déols, un grand nombre de terres, etc. Tous ces dons, Ebbes, de l'aveu d'Hildegarde, sa femme, les fait, d'abord pour l'amour de Dieu, puis pour le salut de l'âme de Guillaume, son seigneur, de son père et de sa mère, de sa femme et de lui-même, de leurs frères et sœurs, de leurs neveux, de leurs parents, des fidèles attachés à leur service, pour la durée de la religion catholique, pour les orthodoxes présents, passés et futurs. Il les fait afin qu'un monastère régulier, sous la règle de saint Benoît, soit élevé à Déols, et à la condition qu'il sera dirigé par l'abbé Bernon, aussi longtemps qu'il vivra. Après sa mort, les moines auront le droit de lui choisir un successeur.

Après avoir bâti l'église et l'abbaye, Ebbes mit lui-même Bernon et ses religieux en possession et leur donna les plus grosses métairies de la Champagne, du Bas-Berry, Bracioux, Ville-Martin, Chamois, le Verger et plusieurs autres jusqu'au nombre de quinze.

Raoul Ier, fils d'Ebbes, pour ne point incommoder les religieux dans leurs pieux exercices, et ayant probablement besoin d'une demeure plus vaste et plus à l'abri des attaques de ses voisins et des barbares, jeta, sur la rive opposée de l'Indre, les fondements d'un autre château. Il le plaça sur un monticule en vue de Déols. Ce château, dont il reste encore une bonne partie, a été longtemps appelé *Château-Raoul*, d'où est venu le nom de Châteauroux. Il a pour destination aujourd'hui les bureaux de la Préfecture.

Depuis Bernon, qui fut institué le premier abbé en 917, jusqu'à Depiau, mort en 1623, c'est-à-dire pendant sept cent six ans, on compte environ trente-sept abbés. Je dis environ parce qu'il y a des doutes sur quelques-uns d'entre eux. — Ce n'est pas ici le lieu de faire l'histoire de tous ces abbés, parmi lesquels on rencontre un assez bon nombre de princes de l'église, quelques noms annonçant une heureuse parenté avec les favoris de plusieurs règnes ; mais il faut avouer que l'on y chercherait vainement, si ce n'est dans la personne du moine Hervé, une renommée de science, si commune cependant parmi les Bénédictins.

Le temps ne nous permet pas d'énumérer les possessions de l'abbaye. Il suffira de dire que, dans les archiprêverés de Bourges, d'Argenton, de La Châtre, de Châteauroux, de Dun-le-Roi, d'Issoudun, de Graçay, d'Hérisson, d'Huriel, de Levroux, du Blanc, de Vierzon, l'abbaye avait de très-importants revenus et qu'une foule de prieurés en dépendaient. Le prince Raoul et ses successeurs n'avaient cessé d'ajouter aux libéralités d'Ebbes le Noble, et ils avaient été imités par leurs principaux vassaux. Déols tenait *donc* un des premiers rangs parmi les abbayes. L'antiquité de son origine, son indépendance de toute autorité séculière, une prospérité de plus de sept siècles, la continuation de ses priviléges par les rois et les papes, lui avaient assuré cette haute position. Ses abbés prenaient le titre de princes. L'abbaye avait ses armoiries : elle portait d'*argent à trois fasces de gueules ;* son écusson était accosté ou surmonté d'une mitre et d'une crosse. — Les souverains pontifes avaient une prédilection marquée pour cette abbaye ; plusieurs étaient venus la visiter ; on la surnommait *la mamelle de saint Pierre*, qualification qui n'était qu'une exagération flatteuse, car la taxe de Rome était fixée par an à 4,000 florins seulement.

L'abbaye de Déols eut grandement à souffrir, en 1569, des guerres de religion. Il n'est sorte d'excès que n'aient commis les Huguenots au temps de ces affreuses discordes. Tout ce qui appartenait au culte de la religion romaine éprouva leur fureur et la férocité des troupes des novateurs. De Thou rapporte qu'un de leurs chefs, nommé *Briquemant*, prenait plaisir à mutiler les prêtres qu'il avait massacrés et qu'il s'était fait de leurs oreilles un collier qu'il portait comme une parure.

L'abbaye de Déols n'existait plus bien avant la révolution de 1789. Voici comment elle passa en la possession d'Henri II de Condé, premier duc de Châteauroux. Ce prince, qui s'était mis en faveur auprès de la cour et des ministres, conçut l'espérance d'arriver à un but qu'il convoitait, c'est-à-dire de faire séculariser à son profit les possessions de cette abbaye. Il faut dire, pour expliquer ce grand fait, que les instituts, régis par le code de saint Benoît, avaient eu leur temps à peu près accompli, dès qu'ils ne servaient plus à conserver le dépôt des connaissances humaines et qu'ils ne pouvaient plus édifier le monde par leurs vertus. En effet, par suite des abus du pouvoir civil, dans les temps malheureux qui précédèrent la chute de l'abbaye de Déols, les monastères étaient possédés par des gentilshommes qui n'étaient pas même prêtres, par des femmes, des hérétiques. Les paroisses n'avaient guère plus de ministres que les abbayes de moines. Henri IV avait donné l'abbaye de Déols à M. de Montigny, son lieutenant et gouverneur aux comtés de Blois et de Vendômois. La sécularisation des abbayes était, du reste, conforme aux idées généralement répandues ; car, en 1575, il avait été proposé, dans le conseil de Henri III, de faire ériger en commanderies séculières tous ces établissements pour les donner aux principaux chefs de l'armée.

Le Pape Grégoire XV, par les bulles qui furent données en 1622, consentit à la sécularisation. Il imposait au donataire plusieurs obligations qui ne furent exécutées qu'en partie.

L'église de l'abbaye de Déols était une magnifique basilique bysantine. L'abbé Hugues, en 991, avait fait reprendre la première construction en rendant la nouvelle plus vaste. Elle ne fut achevée que vers le commencement du XIIe siècle. La basilique avait trois cents pieds de longueur ; elle était composée de trois nefs et ornée du côté nord de quatre grosses tours, et sur l'Orient, à l'endroit du chœur, d'une cinquième qui contenait les cloches. Le clocher qui subsiste encore était le second de droite. Entre les deux lignes de clochers, au-dessus du porche, était la salle capitulaire à laquelle on accédait par un escalier placé dans une des tours. Il n'y avait pas de transept. La chapelle de la Vierge ou des miracles était au nord-ouest et enclavée dans le monument. Un escalier extérieur y conduisait. Dans le jardin de l'orphelinat, on trouve des vestiges du cloître et une porte assez curieuse qui faisait communiquer la chapelle de l'abbé avec l'église.

L'abbaye de Déols, malgré les guerres civiles et religieuses, aurait pu encore réparer ses désastres ; mais, après la sécularisation, ses religieux étant dispersés, ses richesses passées en d'autres mains, elle devait dépérir. En 1647, au temps de Thaumassière, elle ne présentait plus que de magnifiques ruines. Un ancien dessin, qui a été lithographié, nous montre ce qui existait de l'abbaye en 1790. La nef était debout dans ses deux tiers. Du côté de l'abside, on voyait la chapelle des Miracles ainsi que son escalier. L'abbaye résistait encore à une destruction complète et servait d'ateliers à un brasseur au commencement du siècle ; mais l'année 1830 a été témoin d'un véritable acte de vandalisme, et ce qu'il y a de singulier, au moment même où l'on venait d'instituer une inspection générale des monuments historiques. « Les pierres, rassemblées par une série de générations, sculptées, ciselées par les artistes de plusieurs âges, admirées et vénérées si longtemps par les fidèles, ont été, s'écrie avec indignation M. des Chapelles, brisées et adjugées en mètres de moellons à d'ignorants bâtisseurs, et se laissent reconnaître dans un grand nombre de maisons voisines. Il n'en reste plus que quelques débris et une tour épargnée..., parce qu'elle a servi de jalon aux ingénieurs. »

L'*abbaye de Saint-Gildas* existait dans notre faubourg Saint-Christophe. Bien moins riche que celle de Déols, elle était cependant, disent les historiens, de *gros et ample revenu*. Son régime était également celui de Saint-Benoît. Voici son histoire en quelques mots : Saint Gildas avait fondé en Bretagne le monastère de *Ruis*. Au xe siècle, les Normands en chassèrent les religieux, qui, emportant leurs saints, se sauvèrent vers le Berry. Ebbes le Noble, dont nous venons de parler, leur donna asile et leur fournit les moyens d'exister. Cette abbaye, comme toutes les autres, acquit successivement des possessions. Beaucoup de prieurés en dépendaient. Daocius en fut le premier abbé. L'abbaye eut aussi beaucoup à souffrir pendant les guerres de religion, surtout en 1589. Elle fut sécularisée et livrée au prince de Condé en même temps que celle de Déols. Peu de vestiges indiquent le lieu où elle se trouvait ; on remarque, pourtant, les traces des fossés et des tours qui l'entouraient. Dans la rue du *Portail*, on reconnait les restes de son entrée principale, et, dans la rue de la *Fuie*, son pigeonnier existe encore. Une petite chapelle, dite de *Saint-Marc*, qui est au bout du pont de bois, appartenait au couvent, bien qu'elle en fût séparée. Sa porte, du côté de l'Indre, d'un style élégant, et qui donne dans la rivière, rappelle, dit-on, la tradition de l'arrivée des moines par eau. Il est plus probable que cette construction, bien que religieuse, aurait été destinée par les moines à établir un tribut pour le passage en bateau.

Maintenant transportons nous, Messieurs, sur la Creuse, à deux petites lieues après Le Blanc. Nous y trouvons les superbes vestiges d'une autre abbaye de Bénédictins, celle de *Fontgombaud*. Disons encore brièvement son histoire. La tradition raconte qu'un certain Gombaud, issu de sang royal, désespérant de faire son salut au milieu des grandeurs et des vices de la cour de France, au XIe siècle, résolut de fuir le monde et de se vouer à la vie érémitique. Retiré sur les bords de la Creuse, en un lieu presque ignoré des hommes, il pratiqua dans le roc une étroite cellule et s'y établit. Une fontaine coulait auprès du rocher ; il sut s'en approprier les eaux, en perçant dans le sol même de la grotte une espèce de puits qu'on y trouve encore. C'est là que le pieux solitaire, après de longues années passées dans la prière et le silence, s'endormit du sommeil éternel.

Peu de temps après sa mort, vers l'an 1091, quelques hommes associés pour vivre dans la retraite, vinrent se fixer à la fontaine de Gombaud, déjà consacrée par le séjour du saint ermite. — De nouvelles grottes furent creusées ; une, entre autres, plus spacieuse, dont le plafond est soutenu par un assez gros pilier où l'on remarque une espèce de niche et quelques traces de scellements qui semblent indiquer qu'elle renfermait alors une image vénérée.

L'affluence des fidèles à l'ermitage s'accrut chaque jour, et l'abondance des aumônes permit aux solitaires d'édifier, auprès de leurs cellules, une petite chapelle, aujourd'hui délabrée et appelée la *chapelle des ermites*.

Devenus plus nombreux et plus riches, ces anachorètes transportèrent leur établissement sur la rive droite de la rivière, et jetèrent les fondements de l'abbaye de Fontgombaud, dont Pierre des Étoiles fut le premier abbé. — Les richesses de l'abbaye s'augmentèrent rapidement, surtout par les libéralités des seigneurs qui partaient pour les croisades.

Mais les guerres de religion apportèrent la dévastation et la ruine dans l'établissement de Fontgombaud. Après ces jours néfastes, le couvent resta assez longtemps désert. Les seigneurs voisins profitèrent de ces circonstances pour s'emparer de tout ce que l'abbaye avait de meilleur, et furent même jusqu'à s'en approprier les revenus, en établissant, pour la forme et sous leur autorité, un simulacre d'abbé sous le titre de confidentiaire.

René de Nailhac, seigneur de Roches, et après lui, Madelaine de Pot, sa femme, gouvernèrent l'abbaye. En 1610, les d'Aloigny, seigneurs de Rochefort, choisirent les confidentiaires. La veuve de l'un deux, quoique huguenote, jouit de l'abbaye sous son nom, et avec tant de témérité, disent les écrits du temps, qu'elle ne faisait pas de façon de signer des actes de notaire pour autoriser le confidentiaire en des choses touchant le temporel et même le spirituel du couvent.

Ces désordres se continuèrent jusqu'à ce qu'enfin Louis d'Aloigny, dit le marquis de Rochefort, ayant été excommunié par l'archevêque de Bourges, se vit obligé, en 1655, de résigner l'abbaye. La femme de ce marquis de Rochefort, bien différente de la précédente, était une douce et pieuse créature. Elle disait à son mari que le bien de l'abbaye le damnerait. Pour toute réponse, le marquis tirait des pistoles d'une de ses poches et les plaçait sur la table, en disant : *Voilà les pistoles de Rochefort.* Il en tirait d'une autre poche et en faisait un monceau à côté des premières, puis il disait : *Voilà les pistoles de Fontgombaud.* Ensuite il mêlait les deux tas, et s'adressant à la marquise : *Reconnaîtriez-vous bien à présent*, lui demandait-il, *les pistoles de Fontgombaud d'avec celles de Rochefort ?*

Les notices sur Fontgombaud abondent. Les détails que je viens de vous donner sont tirés d'un travail très-intéressant de M. Desplanque, notre ancien archiviste, qui avait étudié, avec soin les rapports de l'abbaye avec les seigneurs du voisinage. Le vénérable et savant M. de La Tramblais a parlé assez longuement aussi de Fontgombaud dans ses *Esquisses pittoresques*, illustrées par l'habile crayon de M. Isidore Meyer, qui, après avoir habité longtemps Paris, vint de nouveau fixer sa demeure parmi nous.

En 1671, l'abbé de Mornay entreprit de relever la maison de Fontgombaud et de ramener à la règle les moines dispersés. Mais, démembrée de toutes parts, l'abbaye, n'ayant plus que cinq religieux et réduite à trois mille livres de revenu, fut supprimée, en 1741, par décret de Mgr de Larochefoucauld, archevêque de Bourges, qui en fit une maison de missionnaires.

Il ne nous reste plus que des débris de cette riche abbaye. Les livres et les papiers des savants bénédictins qui l'ont habitée, ont été, en très-grande partie, détruits ou dispersés. L'église elle-même a plus souffert de la main des hommes que des ravages du temps.

Cette église était très-vaste; du portail à l'abside elle avait 246 pieds. La nef était divisée en trois parties. Le portail, qui a été conservé, est en plein cintre et rempli d'ornements variés ; ses colonnes offrent des chapiteaux et des bases diversement sculptés en figures grotesques ou en feuillages de caprice. — Le chœur, qui a été réparé, est entouré de deux rangs de piliers cylindriques, supportant des arcades cintrées. Au-dessus sont deux étages de petites arcades, appuyées sur des colonettes de même style.

Au temps de la prospérité de l'abbaye, l'église de Fontgombaud était splendide. Le service divin s'y faisait avec la plus grande pompe. Les vases d'argent et de vermeil, les ornements de damas et de dentelle d'or, étaient étalés aux jours de fête. Une statue dorée de la Vierge était l'objet d'un culte particulier. Les cloîtres étaient très-beaux et d'une architecture plus moderne.

Sous le règne de Louis-Philippe, Fontgombaud a été abandonné à un ordre de trappistes qui cultivent les terres. Le gouvernement leur a confié une colonie de jeunes détenus, qui, par le travail et les bons conseils, reviennent à une vie honnête.

Je n'ai qu'un mot à dire de l'*abbaye de Méobecq*, dont il ne reste plus rien aujourd'hui ; son église byzantine manque de la partie antérieure de la nef, et l'un des transepts s'est écroulé vers 1350. Mais le savant curé de Douaidic, M. l'abbé Voisin, s'occupe d'en faire une étude et nous ne manquerons pas d'en avoir bientôt une connaissance parfaite.

De l'*abbaye de Saint-Genou*, il n'y a de conservé que l'église qui est maintenant paroissiale. Elle a été fondée, en l'an 828, par Wicfrid, comte de Bourges, et Odette sa femme. Elle est curieuse par sa disposition intérieure et par ses sculptures naïves et souvent grossières dont les piliers sont chargés. Le clocher renferme une cloche fort ancienne à en juger par les caractères de l'inscription, qui est parfaitement en rapport avec les idées symboliques attribuées par la liturgie à la mission des cloches. Cette église est classée parmi les monuments historiques.

Si j'ai été bref sur les deux abbayes précédentes, je

puis vous donner des détails sur *celle de Saint-Benoît du Saut*, d'abord d'après les recherches de M. le Dr Elie de Beaufort, et ensuite d'après l'analyse que j'ai faite des pièces de nos archives qui s'y rapportent.

Les vicomtes de Limoges, possesseurs du château de Brosse et maîtres de tout le pays, donnèrent aux *bénédictins de Saint-Benoît sur Loire* l'autorisation d'établir un monastère à *Salis*, qui était le nom primitif de Saint-Benoît du Sault, et ils leur fournirent les moyens d'y vivre en leur concédant des droits seigneuriaux sur la ville et en leur faisant diverses largesses. Cette abbaye, qui s'appelait *précôté*, fut fondée en 1154. Le premier couvent fut bâti sur le bord sud du rocher, avec un colombier auprès du ruisseau nommé le *Portefeuille*.

La communauté acquit successivement des revenus et des richesses. Ce sont d'abord des petites rentes, soit en argent, soit en céréales ; ensuite de véritables dîmes, enfin des biens ruraux. Parmi les dîmes, il y avait celles des *menufles* ou *vertes*, qui consistaient en pois, raves, lentilles, miel, vesce, gesse, chanvre et lin. La glandée de Saint-Benoît, les moulins et les fours banaux, le greffe de la justice de paix, constituaient d'autres sources de revenus. Avec le temps, les possessions s'étendirent dans les paroisses de Roussines, de Parnac, de La Châtre-au-Vicomte, de Mouhet, de Saint-Civran, de Saint-Sébastien, de Saint-Sulpice, d'Arnac, etc. Les religieux purent donc bâtir leur église, agrandir leur demeure, et faire aussi beaucoup de bien.

Parmi leurs prévôts ou abbés, qui sont au nombre de vingt-quatre, depuis l'année 1120 jusqu'à celle de 1699, on remarque deux cardinaux : le cardinal Pellegrin et le cardinal de Tallerac, ainsi que les noms très-connus de Brilhac, de Talaru, de Talmont, d'Aubusson, de l'Hospital, de Bonneval. — Le prévôt était en même temps seigneur de la ville.

Cette puissance de fortune et de position donna au monastère de grandes prétentions. Il y eut des procès qui firent grand bruit : celui surtout de 1460 contre l'archevêque de Bourges Les prévôts ne voulaient pas recevoir la visite de la part de l'abbaye de St-Benoît-Fleury, dont ils se reconnaissaient, cependant, dans la dépendance ; mais ils perdirent ce procès. Ils essayèrent aussi, sans succès, de se soustraire à la suzeraineté des seigneurs de Brosse

L'église du couvent de Saint-Benoît devenue paroissiale, fut bâtie auprès de la demeure des religieux. Sa longueur est de 45 mètres et sa largeur de 17. Le manque d'unité dans son style architectural indique qu'elle a été faite en plusieurs temps. La grande nef est séparée des deux petites par six piliers de chaque côté. L'autel, où est placée la statue de la Vierge, est décoré de quatre colonnes ioniques. Le clocher est constitué par une tour carrée, de toute autre architecture que le reste de l'église. La porte, ogivale, est ornée, de chaque côté, par trois petites colonnes couronnées de chapiteaux. La fenêtre, qui est au-dessus, est surmontée d'une rosace, encadrée dans une ogive.

En l'année 1699, M. de Choisy, qui était prévôt, se démit de ses droits en faveur du séminaire des Missions étrangères, et à la révolution de 1789, les trois religieux, qui restaient encore au couvent, en sortirent et toutes leurs propriétés furent vendues. Le monastère passa en diverses mains ; puis, en 1853, des dames de la congrégation du *Verbe incarné* s'y sont établies pour y tenir une maison d'éducation et un pensionnat pour de jeunes demoiselles.

Outre les ordres bénédictins, le Bas-Berry possédait encore ceux de Saint-François et de Saint-Augustin, ainsi que les ordres de Cîteaux, des Carmes, des Minimes, des Récollets, des Ursulines, des Visitandines, etc. Avant d'y arriver, je veux vous dire quelques mots d'une émanation de l'ordre de Saint-Benoît qui a eu une certaine importance dans notre pays ; je veux parler de l'*Ordre de Fontevrault*.

Nous avions trois établissements de Fontevristes : 1° Jarsay, commune de Moulins ; 2° Glatigny, commune de Chabris ; 3° Longefont, commune d'Oulches. Ces établissements n'étaient que des prieurés, dépendant de l'ordre de Fontevrault, près Saumur. Il faut encore en faire connaître le fondateur.

Ce fondateur est *Robert d'Arbrissel*. Robert, né au village de ce nom, en 1047, se passionna, dès ses jeunes années, pour l'étude, et s'adonna aux exercices de piété. En 1074, il se rendit à Paris, pour satisfaire sa soif insatiable d'instruction. Il y reçut les ordres sacrés. Bientôt, il se montra éloquent et persuasif, éclairé et charitable. Sylvestre de la Guerche, évêque de Rennes, l'appela auprès de lui, avec le titre d'archiprêtre. Là, il se livra à la prédication. Sous la robe de bure, ceint d'une corde, il s'élevait partout contre les vices, dans une église, dans un palais, dans une chaumière, sur une place publique. La foule accourait à ses instructions et s'agenouillait sur son passage. Son évêque l'appuyait de son crédit et de son autorité ; mais la mort de ce prélat, arrivée en 1089, le laissa sans défense en face des puissants adversaires qu'il avait froissés.

Obligé de quitter Rennes, il se retira à Angers en 1094 Il fut admis à l'Université de cette ville, et s'occupa de l'enseignement avec le plus grand succès. Son éloquence avait enthousiasmé une brillante jeunesse et multiplié le nombre de ses auditeurs. Mais désirant se soustraire à l'admiration générale, il rêva la solitude et fut se cacher dans la forêt Craon, où il se soumit à toutes les austérités de la vie cénobitique. La renommée de sa sainteté lui attira une foule de disciples que la puissance de sa parole retenait près de lui. Des personnes de toutes les classes vinrent lui demander des consolations ; on y vit arriver la bonne reine Anne de Bretagne et l'orgueilleuse Bertrade de Montfort.

Robert jeta, en 1096, le plan d'une congrégation sous le nom de Notre-Dame des Bois. Le pape Urbain II, prêchant la croisade, était venu à Angers, il voulut voir Robert et l'entendre. Tel fut l'effet de son talent oratoire sur son auguste auditeur qu'il lui décerna le titre de missionnaire apostolique. Urbain devant aller présider le concile de Tours, se fit accompagner de Robert. — Le concile terminé, Robert retourna à son couvent. — Trois années de travaux et de veilles, employées à l'affermissement de ses religieux dans la pratique de la vie austère, dont il avait donné l'exemple, ne firent qu'augmenter la vénération de ses disciples et leur donner plus de regrets pour le jour de leur séparation. En effet, Robert formait le projet de quitter son couvent et de chercher encore la solitude.

Il la trouva dans le désert affreux de Fontevrault.

Il y fut, de nouveau, entouré d'une multitude d'hommes et de femmes, ce qui lui fit concevoir la pensée de former une congrégation composée de couvents des deux sexes (les femmes représentant Marie, et les hommes l'apôtre Jean). Le fondateur voulut que les religieux, soumis à l'autorité de l'abbesse, fussent subordonnés aux femmes, liés à elles par l'obéissance et le devoir ; que, logés non loin de celles-ci, ils fussent leurs chapelains et leurs confesseurs, recevant d'elles toutes les choses nécessaires à l'entretien de leurs maisons. Enfin, vénérée, par eux, à l'égal d'une mère, l'abbesse devait,en revanche, les considérer comme ses enfants.

Ce qui fit des Fontévristes un ordre unique dans l'histoire monastique, c'est que cet institut célèbre, composé des deux sexes et exempt de la juridiction des évêques, plaçait toute l'autorité dans la personne de l'abbesse générale et chef de l'ordre. titre dont elle se montra jalouse, et qui réunissait en elle le pouvoir temporel à la souveraineté religieuse.

Des dons considérables, faits par d'importants personnages, permirent d'établir des constructions assez vastes pour abriter un nombreux personnel. Cet ordre s'était augmenté au point de compter 3,000 religieuses. Robert, attiré à Bourges par Léger, archevêque de ce diocèse, vint à Déols où il s'occupa de fonder les trois prieurés du Bas-Berry, dont j'ai déjà indiqué les noms. Ce fut dans l'église de Saint-Germain de Déols qu'il prononça son dernier sermon. Le jour de la clôture de sa mission, des symptômes alarmants l'arrêtèrent tout à coup, et lui firent pressentir sa fin prochaine. Il demanda l'archevêque de Bourges, à qui il dicta son testament ; puis il réclama les sacrements et fit sa confession publique. Il succomba le 23 février 1117. Après qu'on lui eut rendu les honneurs, dûs à la sainteté de sa vie, son corps fut remis à l'abbesse Pétronille de Chemillé, qui le fit transporter à Fontevrault.

Les religieuses de cet ordre gardaient en tout temps le silence, excepté celles qui, par leurs offices, étaient chargées du soin des choses extérieures ; elles ne devaient même parler qu'à voix basse. Leurs tuniques et leurs manteaux étaient faits des plus viles étoffes. Il n'était permis à qui que ce fut d'entrer dans le cloître. Quand les prêtres venaient pour célébrer la messe, la porte du chœur ne s'ouvrait que pour la communion. Le viatique et l'extrême-onction ne pouvaient être reçus que dans l'église. Le mercredi des cendres, la communauté assistait pieds nus, à la cérémonie.

Occupons-nous maintenant de nos trois prieurés.

Le *prieuré de Sarzay*, comme tous les établissements

de ce genre, s'était formé par des donations, des arrentements, des acquisitions, etc. Ce prieuré a été vendu nationalement en 1792. Il est aujourd'hui en la possession de M. Amador Grillon. Je l'ai visité avec lui, il y a quelques années. Le couvent est parfaitement conservé et a été arrangé pour en faire une habitation. Par les soins de son propriétaire actuel, la petite église a été réparée, une belle sculpture est derrière l'autel, ainsi que des peintures qui ont été restaurées. Une pierre tumulaire se trouve sur le côté droit de cette église; l'inscription indique qu'elle appartient à l'un des confesseurs des religieuses.

Le *prieuré de Glatigny* n'offre plus que des vestiges. La chapelle est aujourd'hui convertie en grange et l'habitation des religieuses sert à de petits propriétaires. Nos archives font mention des donations qu'avait reçu le prieuré.

Quant au *prieuré de Longefond*, nous pouvons donner quelques détails que nous puisons dans les *Esquisses pittoresques* de M. de La Tramblais. Ce prieuré avait pris, dès le XIIe siècle, un accroissement considérable, grâce à de nombreuses libéralités. Mais il éprouva, plus tard, un terrible échec. Dans la nuit du 19 au 20 février 1638, le feu fût mis, à la fois, en vingt endroits différents. Les caves, les greniers devinrent autant de foyers d'incendie. Quelle main criminelle avait pu se rendre coupable d'un tel forfait? C'est ce que l'enquête n'a pu faire découvrir. Demi-nues, exposées dans la cour à une pluie glaciale, dépourvues de tout secours humain, les pauvres religieuses contemplent avec effroi les ravages du feu qui gagne rapidement les bâtiments du monastère et menace d'envahir l'église. Leurs cris redoublent et se mêlent au bruissement des flammes. Cependant, le lieu saint est épargné. Elles se hâtent d'y chercher un abri et de remercier Dieu d'avoir préservé son temple de la ruine.

Informée de ce désastre, l'abbesse de Fontevrault, Jeanne-Baptiste de Bourbon, obtient du roi Louis XIII, son frère, la permission de transférer ses religieuses du Longefont au château d'Argenton, qui leur est abandonné à cet effet. Elles y vivaient, non sans regrets, mais au moins tranquilles, lorsque de nouveaux malheurs vinrent les assaillir. Durant les troubles de la Fronde, en 1649, Ducoudray veut rétablir la forteresse d'Argenton. Il leur signifie qu'elles aient à quitter le château dans les vingt-quatre heures. Anéanties à cette nouvelle, elles ne savent quelle résolution prendre. Mais Ducoudray fait escalader le couvent par ses soldats, fait jeter les religieuses dans deux carrosses et sur une charrette, sans égard pour deux d'entre elles qui étaient malades, et les fait reconduire, le 16 janvier, à Longefond.

Il ne reste plus aujourd'hui de l'ancien couvent que de vieux murs qui bordent le coteau de la Creuse. Tout à côté, M. Prosper Blanchemain a fait construire un élégant pavillon, et établir un charmant jardin au milieu duquel serpentent les eaux d'une abondante fontaine qui avait donné son nom au prieuré.

Nos archives nous font connaître le produit des ventes nationales des biens de ces trois prieurés. A Sarzay, le prix fut de 24,625 livres ; — à Glatigny de 90,388 livres, et à Longefont de 88,385 livres.

Je vais, Messieurs, pour terminer, passer aux autres ordres que j'ai mentionnés, et qui compléteront à peu près la série des abbayes, monastères ou communautés du Bas-Berry.

Voyons d'abord l'*ordre de Saint-François*, appelé aussi des *Cordeliers*. Nous en avons eu un beau spécimen dans notre ville. L'église actuelle de Saint-André était leur église, et la caserne, qui y est jointe, constituait la demeure des religieux.

Un mot d'abord sur saint François. Né en 1182, à Assise, en Ombrie, François, à 24 ans, quitta le monde, abandonna ses biens et fit vœu de pauvreté. Il se consacra tout entier à la prédication et aux œuvres pieuses. De nombreux disciples s'étaient assemblés autour de lui, et en 1208, il avait fondé un ordre qu'il nomma par humilité *Frères mineurs*. Il défendait à ses disciples de rien posséder en propre, leur prescrivait de vivre d'aumônes, et de se répandre par toute la terre pour convertir les pécheurs et les infidèles.

Guillaume Ier de Chauvigny, seigneur de Châteauroux, étant venu à Rome, en 1212, pour rendre ses hommages au prince de l'Église, alors Innocent III, avait résolu, à l'exemple de plusieurs seigneurs de son temps, de fonder un monastère. Pendant son séjour à Rome, le nom de saint François était dans toutes les bouches. Le baron de Châteauroux désira le connaître, et, comme tous ceux qui l'approchaient, il subit la douce influence de sa vertu. Il crut qu'il rendrait un service inappréciable, non-seulement à sa ville, mais encore à toute sa principauté, s'il pouvait y fixer quelques-uns des disciples de ce saint homme.

Il se trouvait, en même temps à Rome, le frère *Filponti*, qui, touché de l'humble abnégation de saint François, avait renoncé au monde pour s'attacher à ce serviteur de Dieu. — Guillaume de Chauvigny, ayant fait part de son désir à François, celui-ci jeta les yeux sur Filponti pour cette mission. Il lui adjoignit un frère, et Guillaume se rendit avec eux à Châteauroux. Il les présenta à sa famille et aux habitants. Bientôt, Filponti, soutenu par Guillaume, entreprit la construction d'un grand couvent et d'une vaste église. Filponti avait été surnommé *Bonencontre* par François lui-même, en raison de la satisfaction qu'il avait ressentie de le trouver pour en faire un des siens.

L'église fut consacrée, au bout de trois ans, le 1er mai 1216, par Girard de Cros, archevêque de Bourges. Dix ans plus tard, un hôte illustre, un véritable apôtre, honora le couvent de Châteauroux de sa visite. C'était *saint Antoine de Padoue*, le grand prédicateur dont la réputation égalait presque celle de saint François.

Après avoir mené une vie exemplaire et être parvenu à maintenir, dans l'esprit de ses religieux, les maximes de saint François, Bonencontre mourut, dans son couvent, le 4 octobre 1280. Son corps fut déposé dans l'église, au bas des degrés où l'on montait au chœur, du côté de la voie publique. Sur ces indications, M. de Quincerot, curé de Saint-André, a découvert ses restes le 28 juin 1871. Monseigneur l'archevêque de Bourges, ayant pensé que ces restes précieux devaient être conservés dans l'église, M. de Quincerot a fait disposer, dans le mur, au-dessus du tombeau, une petite niche sous laquelle les reliques de Bonencontre, renfermées dans une caisse de plomb, ont été placées dans une crédence.

Je ne m'arrêterai pas sur la description du monastère, ni sur son histoire spéciale. Je dirai seulement que, dès 1756, le couvent avait beaucoup décliné, et que la révolution de 1789 y a mis fin.

Guy III de Chauvigny fonda, en 1459, trois nouveaux couvents de cordeliers: le premier à Argenton ; le second au Palis, près de cette ville, et le troisième à Cluis-Dessous.

L'*Ordre de Saint-Augustin* comptait, dans notre pays,

un certain nombre d'établissements. Ils étaient situés au Blanc, à Saint-Benoît du Sault, à Miseray, à la Vernusse et à Châtillon-sur-Indre. Je ne m'occuperai que des deux premiers, car l'histoire des monastères du même ordre se ressemble assez généralement.

Saint Augustin a eu tant de part à la propagation de l'état religieux que des auteurs l'ont regardé comme le premier instituteur de l'ordre qui porte son nom. Il en aurait jeté les fondements à Tagaste, en Afrique, en 388. Cet ordre s'est répandu dans le monde entier. On a compté jusqu'à 2,000 monastères d'Augustins et 300 d'Augustines. Les papes ont accordé aux Augustins l'office de sacristain dans leur chapelle. Il y a eu parmi eux, un grand nombre de saints et d'hommes illustres dans les sciences, les dignités de l'Église et les hauts emplois. Cet ordre était divisé en un grand nombre de provinces : celle de Bourges s'appelait de *Saint-Guillaume.*

On ne sait pas, au juste à quelle époque a été fondé le *couvent des Augustins du Blanc.* Des pièces, qui datent de 1403, permettent de faire remonter plus haut son origine. Il devait être très-considérable, puis qu'on s'en est servi pour y établir la sous-préfecture, le tribunal, la gendarmerie, la prison et le collége. Il avait une jolie église qui sert aujourd'hui de halle. Les constructions étaient solidement établies et presque toutes voûtées dans leur rez-de-chaussée. Les Augustins avaient été rangés parmi les ordres mendiants, ce qui ne devait pas les empêcher de chercher à se constituer des moyens d'existence par quelques donations, des sermons, des quêtes, etc. L'inhumation dans leur église était un privilége qui s'achetait assez cher. Parmi les personnages qui y reposent, se trouve le père de Jacques Coitier, le célèbre médecin de Louis XI, lequel, dans son testament, consacre une somme de 100 livres tournois, pour qu'on dise, tous les jours après la grand'messe, en la chapelle qu'il y a fait établir, un *Salve regina* et une oraison dont il a donné la formule. Ce médecin était accusé d'avoir profité de l'ascendant qu'il avait sur le roi pour lui soutirer des sommes considérables. A la mort de Louis XI, on voulut le poursuivre juridiquement ; mais il conjura l'orage en donnant 50 mille écus au roi Charles VIII. Il s'était retiré à Paris, rue Saint-André-des-Arts, dans une petite maison ; au-dessus de sa porte, il avait fait placer une devise facétieuse à double sens : c'était un arbre sous lequel était écrit : *à l'abricotier*. On ne sait comment le père de Jacques Coitier était venu demeurer au Blanc, car son fils était né à Poligny, en Franche-Comté.

Le *couvent des Augustins de Saint-Benoît du Sault* date de 1615. Ces Augustins étaient peu nombreux et vivaient d'aumônes et des secours de la maison-mère, qui siégeait à Montmorillon et possédait beaucoup de propriétés.

Les maisons du Blanc et de Saint-Benoît furent supprimées en 1789. Celle de Saint-Benoît fut vendue pour une faible somme, à la ville, qui y établit plus tard un collège. Aujourd'hui, on a réuni, dans ces bâtiments, la caserne de gendarmerie, le télégraphe et l'école communale. La terrasse, qui se trouve sur le flanc droit de ces établissements, offre un magnifique coup d'œil sur la prairie où serpente le ruisseau du Portefeuille, au milieu des aulnes et des saules qui bordent son cours, et sur les coteaux voisins où les bois, les champs et les vergers sont agréablement entremêlés d'habitations.

La ville du Blanc avait encore un *couvent de Récollets*. On les appelait ainsi du mot latin *recollectus* (recueilli). Cette branche de l'ordre franciscain, qui avait commencé en Espagne en 1484, passa le siècle suivant en Italie et ne fut introduit en France qu'en 1592. Celui du Blanc datait de 1619. L'église fut bâtie de suite. Un grand nombre de fidèles demandèrent la faveur d'y être enterrés. Cette maison conventuelle, située dans la ville haute, a été vendue à l'époque de la révolution et a subi des transformations avec ses nouveaux maîtres. M. Chevet, ancien et célèbre marchand de comestibles, au Palais-Royal, à Paris, en étant devenu propriétaire, a augmenté l'enclos. Depuis peu de temps, M. de Verneix, officier de marine en retraite, en a fait l'acquisition. L'église, qui est sous l'invocation de saint Étienne, est devenue paroissiale.

Je dois mentionner encore un couvent qui suivait la règle de Saint-Augustin et qui portait le nom de *congrégation de Notre-Dame de Châteauroux*. Les bâtiments agrandis sont aujourd'hui notre *Lycée*. En 1641, cinq religieuses du couvent de Laon furent envoyées à Châteauroux pour y fonder un nouveau couvent de leur ordre. Nos archives fournissent beaucoup de détails à leur sujet. Ces pièces contiennent les règles intérieures de la communauté, ses progrès, l'accroissement de ses revenus ; les revenus provenant des contrats de profession, des dots et traités, les actes des religieuses, les donations, qualifications et acquisitions, l'état financier, la fin du couvent par la révolution de 1789 ; enfin la vente de ses biens. — Nos mères et grand'mères ont reçu leur éducation dans cet établissement.

Je ne ferai qu'indiquer les autres ordres, car les historiques seraient à peu près les mêmes ; me bornant à dire que l'ordre de Cîteaux, dont la maison-mère se trouvait dans un bourg de la province de Bourgogne, possédait, en Bas-Berry, les abbayes de Barzelle et de la Prée ; qu'il y avait, à Boniers et à Issoudun, un couvent de Minimes ; que cette dernière ville possédait un couvent d'Ursulines ; qu'il y avait à La Châtre un couvent de Carmes qui constitue aujourd'hui l'hôpital ; qu'à La Châtre et à Issoudun, il existait deux couvents de Visitandines ; et qu'enfin à Châteauroux, l'église actuelle de Notre-Dame appartenait à une communauté très-peu nombreuse de Capucins. La promenade, dite des Capucins, était un bois qui en dépendait.

Il est plus que temps de terminer cette longue énumération. — Si j'ai eu le bonheur, Messieurs, de vous intéresser par cette communication, je pourrai vous en faire une autre sur les *Vieux châteaux du Bas-Berry*. Leur histoire ne présente pas moins de curiosité que celle des abbayes ; elle offre même cela de particulier que nos rivières, surtout celles de la Creuse, de la Bouzanne et de l'Anglin, ont été pendant 300 ans, les frontières anglaises de l'Aquitaine, et que, par cette raison, elles étaient bordées de forteresses.

Il me reste à vous remercier de votre bienveillante attention.

APERÇU GÉNÉRAL

SUR

LES CHATEAUX DU BAS-BERRY.

Deuxième Conférence.

Messieurs,

J'ai dit, dans ma première conférence, que je présenterais, dans une autre séance, un aperçu général sur les *châteaux du Bas-Berry*, et que leur histoire n'offrait pas moins de curiosité que celle des abbayes. J'ajoutais qu'elle avait cela de particulier que nos rivières, surtout celles de la Creuse, de la Bouzanne et de l'Anglin, ont été, pendant trois cents ans, les frontières anglaises de l'Aquitaine, et que, par cette raison, elles étaient bordées de forteresses.

Avant de nous occuper, en particulier, des vieux châteaux, il est convenable d'établir par quelles raisons ils avaient été construits ; pour cela il est nécessaire de rappeler quel était l'état social à ces époques.

Après Charlemagne, qui avait étendu au loin les frontières françaises, le partage politique, admis entre les enfants, divisa la grande puissance de ce souverain. La dissémination des pouvoirs produisit l'indépendance partielle, l'anarchie, et par suite le *système féodal*. La monarchie française ne fut plus qu'une confédération tumultueuse, qui ne conserva des rois que par habitude et par le besoin de résister aux hommes du Nord, appelés alors *Normands*, qui ravageaient le pays.

On vit alors se former une hiérarchie de terres, possédées par des guerriers, relevant les uns des autres à divers degrés, et constituant une chaîne, qui partait de la tourelle du simple gentilhomme pour remonter jusqu'au donjon royal. La masse du peuple, soumise à leur patronage, se partageait en deux catégories : les *vassaux* qui tenaient la terre à condition de service militaire ; les *colons*, qui devaient le cens, des redevances et des corvées. Dans cette nouvelle hiérarchie, il régnait une grande confusion. Pendant le xe et le xie siècles, la féodalité se développa et vécut sans lois écrites. Il n'y eut de *droit écrit* qu'à la fin du xie siècle et jusqu'au milieu du xiiie.

L'ambition et l'avidité des seigneurs troublaient la France entière. Ils s'attaquaient continuellement entre eux. Il en résulta la nécessité de se prémunir contre ses voisins et de se construire des forteresses munies de toutes sortes de moyens de défense. Tout en obéissant à l'autorité du roi, ces seigneurs conservaient une certaine indépendance et cherchaient même souvent à la rendre absolue. Les châteaux forts, dont nous retrouvons partout des traces, s'établissaient tantôt sur le bord des rivières, qui, par elles-mêmes, devenaient déjà un moyen de défense, tantôt sur des sites élevés, lesquels, sous un autre point de vue, étaient encore une sûreté.

Une circonstance historique des plus graves vint augmenter le nombre des forteresses de notre Bas-Berry. Il importe de la rappeler ici. Le roi de France, Louis VII mécontent de la conduite que sa femme, Eléonore d'Aquitaine, avait tenue en Palestine, s'était décidé à la répudier. Par malheur pour notre pays, elle épousa, quelques mois après, Henri Plantagenet, duc de Normandie et comte d'Anjou ; vingt mois plus tard, en 1154, Henri Plantagenet montait sur le trône d'Angleterre sous le nom de Henri II. Il devenait dès-lors plus puissant que le roi de France, son suzerain. De là, entre la France et l'Angleterre, une source de rivalités qui durèrent plusieurs siècles.

Non-seulement les Anglais, en possédant l'Aquitaine, se trouvaient sur nos frontières, qui étaient *les marches*, mais encore, dans les guerres fréquentes qui eurent lieu, ils pénétrèrent souvent sur notre territoire, s'emparèrent de nos châteaux, en construisirent eux-mêmes de nouveaux et y mirent partout des garnisons. De là encore, des combats et des siéges pour les reprendre.

A ces époques, une famille puissante régnait sur le Bas-Berry; sa forteresse était à Déols et elle portait le nom de cette localité. Obscure d'abord et d'une origine qui se perdait dans la nuit des temps, elle s'affirma, au commencement du xe siècle, dans la personne d'Ebbes le Noble. J'ai eu l'occasion d'en parler dans ma première conférence en le signalant comme le fondateur de la célèbre abbaye de Déols. Il acquit une grande gloire en repoussant une invasion de Barbares. Les habitants du Berry et de la Touraine l'avaient mis à leur tête : mais, dans une dernière bataille, livrée sur les bords de la Loire, il reçut, au sein de la victoire, un coup de lance qui devint mortel. Son fils Raoul Ier, qui succéda de suite à son pouvoir, construisit le Château-Raoul, et cette place devint bientôt la plus forte du pays. Ses successeurs se maintinrent encore très-puissants ; placés entre deux souverains rivaux, Philippe Auguste, roi de France, et Henri II, roi d'Angleterre, devenu duc d'Aquitaine, ils se trouvèrent tantôt français et tantôt anglais, position des plus embarrassantes et dont ils eurent le bonheur d'être délivrés en 1250.

Je crois devoir mettre sous vos yeux, messieurs, les principaux événements qui furent occasionnés par la rivalité de ces deux nations, et dont notre sol fut le théâtre. J'ai dit que des siéges et des combats avaient eu lieu. Parmi les siéges, deux ont été mémorables : celui de Châteauroux et celui de Sainte-Sévère.

Le *Siége de Châteauroux* fut amené par la tutelle de Denise de Déols dont Henri II s'était emparé. Denise, âgée de trois ans seulement à la mort de son père, Raoul VII, prince de Déols, était le dernier rejeton de cette illustre famille.

Henri II, contrairement aux traités, avait pris possession en même temps de la principauté de Châteauroux. Louis VII, roi de France, déjà languissant, avait avait adressé à Henri II ces paroles : « *La vieillesse m'ôte la force de recouvrer, mais je proteste publiquement pour les droits de ma couronne..... Je confie la cause de mon royaume à Dieu.* »

Philippe Auguste, qui monta sur le trône en 1180, devait bientôt se charger d'établir que la protestation de son père ne serait pas une vaine menace. Dès qu'il eut atteint sa majorité, il ne travailla plus qu'à rendre à la couronne de France la splendeur qu'un demi siècle de défaites lui avait fait perdre. Il convoqua à Bourges tous les hommes qui lui devaient le service féodal. Il s'y rendit lui-même, et, peu de jours après, se mit en campagne. Il s'empara d'Issoudun, de Graçay, et vint mettre le siége devant Châteauroux.

Henri II, qui avait prévu son attaque, avait fait fortifier cette place et y avait mis une forte garnison, car c'était une des possessions à laquelle il attachait le plus d'importance. La ville, du reste, se défendait par sa population déjà nombreuse, ainsi que par l'enceinte de ses hautes murailles et de ses fossés profonds.

Le roi de France avait hâte de finir vite, avant que Henri II ne pût venir au secours de la place. Il pressa donc le siége. On construisit d'abord une *vinée* et une *tortue*, sortes d'immenses boucliers, à l'abri desquels les travailleurs pouvaient s'avancer jusqu'aux pieds des murs. En même temps, des pierriers lançaient de forts projectiles. On ébranlait, à coup de béliers, les portes bardées de fer. Du haut des beffrois, grandes tours en bois qui dominaient les murailles de la ville, les arbalétriers et les archers accablaient les assiégés de carreaux et de flèches ; les frondeurs leur jetaient des glands ou pierres rondes.

Enfin, l'assaut fut ordonné. Les échelles furent appliquées contre le mur, et une lutte héroïque s'engagea. Les hommes du roi se culbutaient dans leur précipitation. Les assiégés, de leur côté, les renversaient avec de longs crocs, des massues, des haches, des bisaigues, des pieux, des armes de toutes sortes. Ils parvinrent à repousser cette redoutable attaque.

Henri II, Richard Cœur-de-Lion, comte de Poitiers, et Jean sans Terre, ses fils, arrivèrent alors pour faire lever le siége. Ils amenaient avec eux une troupe nombreuse de *routiers*, qu'ils avaient à leur solde ; mais ils ne purent pénétrer dans la ville et furent obligés de camper aux environs. Le 23 juin 1187, les deux armées étaient rangées en bataille et allaient s'ébranler, lorsque des pourparlers eurent lieu et amenèrent une convention, par suite de laquelle une trêve de deux ans fut convenue.

Presque deux cents après, en 1372, avait lieu le *siége de Sainte-Sévère*, toujours contre les Anglais. Il est remarquable par l'apparition dans nos contrées d'une des plus grandes figures de l'histoire de France, celle du connétable Bertrand du Guesclin.

Sous le règne de Charles V, au plus fort de cette lutte de 300 ans, qui menaça d'engloutir la nationalité française, notre pays se défendait de son mieux contre les violences et les caresses de l'étranger. Le jeune seigneur de Châteauroux, Guy II de Chauvigny, à la reprise des hostilités, s'était empressé d'user de sa majorité pour accourir à Paris, offrir ses services à Charles V, et recevoir la chevalerie de la main de du Guesclin. Les querelles de la France et de l'Angleterre ensanglantaient notre Berry. Les Anglais, qui cherchaient toujours à s'emparer de nos châteaux forts, avaient lancé une de leurs bandes sur celui de Sainte-Sévère, que le vaillant Louis de Brosse, tué plus tard à la bataille de Poitiers, avait laissé à ses héritiers. Loin de le démanteler, les Anglais le donnèrent à Jean d'Evreux, qui y installa une bonne garnison, restaura et agrandit les murailles, et, pendant trois ans, en fit l'effroi des environs.

Le duc de Berry, ému enfin des plaintes de ses sujets, secoua son indolence et résolut de chasser les Anglais. De concert avec le duc de Bourbon, il assembla tous les seigneurs de la province, et vint planter ses tentes sous les murs de Sainte-Sévère, après avoir réclamé, dans les termes les plus pressants, le secours du roi, son frère, qui, de son côté, jugea la chose assez urgente pour faire intervenir l'épée de son nouveau et glorieux connétable. Guy II de Chauvigny, s'était rendu, avec ses vassaux, auprès de du Guesclin.

« Sainte-Sévère, autrefois, montrait de loin l'orgueil de ses fiers donjons et de ses triples murailles, dit M. de Marchangy, dans sa *Gaule poétique*. Mais, pendant ses longues guerres avec l'Aquitaine, vingt fois elle eut à se défendre contre de formidables attaques ou à subir les désastres de la conquête. Elle avait été relevée de ses ruines et ses fortifications étaient rétablies, lorsque en 1372, du Guesclin, à la tête de 15,000 chevaux et d'une nombreuse infanterie, vint en former le siége. »

L'élite de l'armée anglaise était enfermée dans Sainte-Sévère. Commandée par Guillaume de Percy, elle était pourvue de tout ce qui pouvait contribuer à une longue défense.

Après avoir investi la ville, du Guesclin en fait le tour et la trouve *moult noblement murée et close de nobles fossés*. Les difficultés paraissaient si grandes que, dans un conseil de guerre, on agita la question de savoir s'il ne serait pas prudent de lever le siége.

Cependant une circonstance fortuite détermina l'attaque dans la journée même. Une douzaine de guerriers s'approchent des fossés comme pour braver l'ennemi.

Des paroles piquantes sont échangées ; on en vient aux insultes. Les Français s'indignent, s'élancent au pied des murs et s'efforcent de les entamer à coups de pics, malgré la grêle de traits et de pierres que font pleuvoir sur eux les assiégés. Au bruit de cette soudaine attaque, les soldats du camp accourent en foule, apportant des échelles, des crocs, des épieux, des leviers. Tous, comme des forcenés, cherchent à miner la muraille ou à l'escalader. Du Guesclin et tous les chefs arrivent, régularisent leur ardeur impétueuse, et distribuent les emplois.

De leur côté, les assiégés s'étaient précipités vers leurs remparts. Du haut de leurs créneaux, ils lancent en plus grand nombre, sur les assaillants, des pierres et des pièces de bois, et les renversent au fond des fossés, *où ils sont ruez moult laidement*, dit Froissard.

Des femmes que n'effrayent point les traits des assiégés, vont jusqu'au pied des murs donner des secours aux blessés et de l'eau fraîche aux combattants. « *Mieux vous vaudrait du vin!* » s'écrie un homme d'armes. Du Guesclin, qui l'entend, fait amener des tonneaux de vin que l'on enfonce à l'un des bouts, et dans lesquels on vient puiser pour distribuer dans les rangs. Alors l'assaut se renouvelle avec fureur. Les Bretons et les Bourguignons y courent *plus fiers et plus hardis que lions et sangliers*. Les murs sont troués dans vingt endroits différents, malgré les flèches qui volent en l'air *aussi dru que la neige*.

Les Anglais jettent du haut de leurs remparts de la chaux vive, de l'eau bouillante, des cailloux, des planches, des meubles, afin d'écraser leurs ennemis. Ils arrachent le pavé de leurs rues, démolissent leurs maisons et leurs créneaux, et se font des armes de leurs débris.

Parmi les Français, l'abbé de Malepaye se distingue dans l'attaque. Trois fois il s'est élancé au haut des murs, trois fois il retombe sous son échelle brisée. Alors saisissant un pic, il parvint à faire une large ouverture au pied d une tour, et là il combat main à main avec les Anglais. Renversé d un coup de hache qu'il reçoit sur la tête et qui enfonce son *bacinet* (sorte de chapeau de fer), on cherche à se l'arracher en le tirant des deux côtés par les bras et par son *camail*. Repris par les siens et revenu de son étourdissement, il court miner les murs du château, *et tellement y travailla*, dit la chronique, *qu'il y seurestendi les ners et les vaynes de son corps.* Il pénétra dans l'enceinte, mit le feu à une grange pleine de foin qui était près du donjon, et décida la prise de la forteresse

La ville fut mise au pillage ; on y trouva une immense quantité de richesses, d'armures, d'étoffes et de provisions de toutes sortes.

Le connétable affecta de se montrer magnanime pour les ennemis directs, les *Anglais d'Angleterre,* qui, en combattant la France, faisaient leur métier et leur devoir. Il accepta la rançon qu'il leur plut de payer. Mais il n'en fut pas de même pour les Français rénégats trouvés parmi la garnison de Sainte-Sévère et qui étaient au nombre de plus de cent. Pour tous, il fut inexorable. « *Il les fit très-bien lier et accoupler et furent tous exécutez de pendre,* » dit encore la chronique.

De tout ce qui rendait Sainte-Sévère formidable, il n'est resté qu'une porte de ville et une tour, ruinée, fendue en deux, et soutenue par le lierre. Entourée d'une motte élevée sur un rocher abrupt qui domine l'Indre et sa vallée, cette tour est aujourd'hui renfermée dans le parc du château de M. le marquis de Vilaines. On aperçoit en face le monticule où les Français renégats furent pendus et auquel on a conservé le nom de *monte-à-regret.*

Duguesclin, en laissant engager l'assaut d'une manière si subite, avait pour motif un message qui lui apprenait que Jean d'Evreux avait chargé le captal du Poitou d'assembler les barons, chevaliers et écuyers de la province et de la Saintonge, pour venir au secours de Sainte-Sévère. Il voulait en finir vite pour marcher au-devant de ses ennemis.

Après avoir réparé les fortifications, il se dirigea vers le Poitou, et s'empara, en passant, de Bélâbre et du château d'Angle, puis de la tour de Chauvigny. Enfin, le 25 mars de l'année suivante, la campagne se termina par la bataille de Chizay, qui rendit définitivement le Poitou à Charles V.

Un peu avant le siége de Sainte-Sévère, en 1356, le prince de Galles, fils d'Edouard III, qu'on surnommait le *Prince Noir*, en raison de la couleur des armes qu'il portait habituellement, était entré en Berry et sa troupe semait sur son passage la ruine et l'incendie. Dans le but d'enlever toutes ressources à l'armée du roi Jean, il faisait défoncer les tonneaux de vin, jeter au vent et brûler les grains, détruire les récoltes, ne laissant derrière lui, dit Froissard, que la famine et la désolation.

Il arriva devant Bourges, dont les habitants, bien prévenus, se préparaient à opposer une vive résistance. L'archevêque Roger le Fort les y encouragea. Le roi, de son côté, avait envoyé, pour défendre la ville, deux braves chevaliers, Guy de Damas, sire de Cousan, et messire Hutin de Vermeilles. Les ennemis brûlèrent les faubourgs de la ville, mais ils ne purent y entrer, malgré la corruption dont ils essayèrent.

A Issoudun, comme à Bourges, une sérieuse défense avait été préparée. Les chevaliers du voisinage, les officiers du roi, les bourgeois firent bonne contenance. La ville fut brûlée en partie, et le château « *fortement et raidement* » assailli ; mais le prince ne put s'en emparer. Il parait, d'après un acte contemporain, que l'attaque se porta surtout du côté d'une maison nommée la *Porte-au-Bœuf*, que Jacquemain Coran, chevalier, tenait de l'abbaye de Notre-Dame d'Issoudun. Cette maison fut brûlée et détruite « *par telle manière qu'il n'y demora aucune chose, fors la place,* » et toute cette partie de la ville resta, longtemps après, inhabitable. Dans les lettres du docteur Gachet, intitulées le *Beffroy d'Issoudun*, on trouve ce qui suit : « A la nouvelle terrifiante de la dévastation systématique par le Prince Noir, les défenseurs royaux du chastel trouvèrent très à propos de garnir leurs remparts de tous ce qu'il y avait d'aguerri et d'intrépide dans *Saint-Cyr* et *Saint-Jean*. »

Le Prince Noir ne fut pas plus heureux à Châteauroux. André de Chauvigny, dit le *Sourd*, possédait alors cette principauté ; mais, en raison de sa vieillesse et de son infirmité, il en laissait le gouvernement à son fils aîné, qui fût connu sous le nom de vicomte de Brosse et de sire du Châtelet.

Le vicomte de Brosse se montra toujours fidèle au roi et porté pour le bien de l'Etat. Il était résolûment dévoué à la descendance de Philippe de Valois. Ce fut en vain que Jean, duc de Normandie, et son fils Robert d'Artois, seigneur de Mehün, employèrent tous leurs efforts pour le détourner de son prince légitime et souverain seigneur, et pour le mettre du parti des Anglais que ces seigneurs et plusieurs autres suivaient.

Le Prince Noir s'étant saisi de la ville, qu'il avait trouvée comme abandonnée, assiégea le vicomte de Brosse dans le Château-Raoul où il s'était retiré avec ses vassaux. Mais, après l'avoir sommé de se rendre et l'avoir fait solliciter de nouveau, par les seigneurs d'Albret et de l'Esparre, de faire cause commune avec lui, et l'avoir reconnu inébranlable, il jugea, sur le point de donner l'assaut, que cette attaque serait vigoureusement soutenue. Il crut dès lors qu'il était plus à propos de ménager ses troupes que d'en consommer une partie à ce siége. Il se retira après avoir mis le feu dans la ville.

D'après les chroniques, il s'était logé à *l'Enseigne du Pilier*, proche la porte Saint-Denis. L'incendie qu'il alluma laissa longtemps Châteauroux désert. C'est en raison de sa ruine qu'André II de Chauvigny, et Guy, son second fils, habitèrent le Châtelet. André, qui y mourut, ne fût enseveli en l'abbaye de Puy-Ferrant que parce qu'on ne put le ramener à Châteauroux.

De Châteauroux, l'armée du Prince Noir, revenant sur ses pas, marcha sur Vierzon « *Grose-ville et bon chastel,* » alors occupée au nom du roi ; mais les fortifications de la ville étaient en mauvais état, et n'étaient gardées que par une garnison peu nombreuse. Les Anglais s'y établirent de force. Il y trouvèrent d'abondantes provisions de blé et de vin, et y restèrent trois jours pour s'y reposer,

Ce fut là qu'on vint annoncer au prince de Galles que le roi Jean était à Chartres, rassemblant une nombreuse armée, et que tous les passages de la Loire étaient si bien gardés qu'il ne pourrait la traverser. Il changea aussitôt son plan de campagne, et se décida à traverser la Touraine et le Poitou pour revenir à Bordeaux. Le château de Vierzon, n'étant pas encore en son pouvoir, il le fit attaquer, et s'en empara, non sans résistance, car on tua presque tous ceux qui s'y étaient renfermés. Le prince s'éloigna, après y avoir laissé une garnison

Le prince de Galles n'avait alors que 26 ans. A l'âge de 16 ans, il s'était déjà distingué à la bataille de Crécy. Il montrait de grands talents militaires ; de plus, il était accompagné du célèbre Chandos. Son armée se composait seulement de 2,000 hommes d'armes et de 6,000 archers.

Tous ses mouvements étaient observés et suivis par

« *trois grands barons et bons chevaliers* » que le roi Jean venait d'envoyer en Berry avec 300 lances. C'étaient le sire de Craon, messire Boucicaut et Lermite de Chaumont. Ils n'étaient pas assez forts pour attaquer l'armée du prince, qui ne cheminait dans le pays qu'avec un extrême prudence ; ils se bornaient à quelques escarmouches.

Pendant que le pillage de ces riches provinces, des séjours en différents lieux, des siéges sans succès retardaient la marche du Prince Noir, le roi Jean, parti de Loches, vers le 15 septembre, avait traversé l'Indre, la Creuse et la Vienne, et cherchait ainsi à lui couper le chemin. Le prince, malgré l'infériorité de ses forces, se décida à attendre la bataille et se retrancha dans une position excellente.

Nous dirons un mot de cette fatale bataille de Maupertuis ou de Poitiers, qui a été si funeste à la France et dont notre province s'est gravement ressentie.

Le Prince Noir, tout à fait entouré, car le roi Jean réunissait plus de 45,000 hommes, avait offert de capituler, en abandonnant tout ce qu'il avait conquis ; mais Jean voulait que le prince et cent chevaliers se rendissent prisonniers. Pour atteindre ce but, il lui suffisait de bloquer, pendant quelques jours, la petite armée anglaise ; mais il préféra l'attaquer, ce qui fut fait avec l'inhabileté la plus inouïe. Il divisa ses troupes en quatre corps. Le premier s'engagea dans un chemin creux, où les Anglais étaient protégés par des haies et des charriots. Ce corps bientôt attaqué par les archers se mit en retraite. Deux des autres corps, troublés par cette défaite, se débandèrent, et le roi Jean, qui restait avec le 4e corps, se défendit la hache à la main et fut fait prisonnier.

Le courage de ce souverain mérite une mention particulière. Jean restait sur le champ de bataille avec les chevaliers de l'Etoile, une troupe de chevaliers fidèles, son connétable, le duc d'Athènes, son porte-bannière, et Geoffroy de Charny. Son plus jeune fils, Philippe, enfant de quatorze ans, se tenait obstinément à côté de lui, disant à chaque instant : « *Père, gardez-vous à droite! Père, gardez-vous à gauche !* » Le roi ayant été reconnu, chacun s'efforçait de le faire son prisonnier, pour avoir droit à sa rançon. Enfin, les deux maréchaux anglais, le comte de Warwick et le comte de Suffolk arrivèrent et s'inclinant tout bas vers le roi, le délivrèrent de ce danger. Le soir, le prince de Galles, plein de courtoisie pour le roi, ne voulut pas s'asseoir à sa table, quelque prière que le roi lui en fît, et persista à le servir lui-même en s'agenouillant devant lui.

A la suite de cet immense désastre, les provinces, privées de leur roi et de leurs seigneurs, furent abandonnées à elles-mêmes. Une *véritable commune*, conduite par le prévôt des marchands, Marcel, s'établit à Paris, et en même temps la Jacquerie incendiait les campagnes. Pendant plusieurs années, ce furent en Berry, comme ailleurs, de continuelles dévastations. On s'empara, pour l'Angleterre, d'une foule de places fortes et de châteaux. Déjà les Anglais en possédaient un certain nombre, et le prince de Galles avait laissé dans ceux qu'il avait pris, des garnisons qui désolaient le pays.

Deux exemples vont montrer l'état affreux dans lequel se trouvait notre Bas-Berry. Vers 1357, Guy Ier de Chauvigny, seigneur de Châteauroux, allant un jour de son château du Châtelet, près Châteaumeillant, en la ville de Bourges, fut rencontré par une troupe d'Anglais qui le firent prisonnier. Ils ne lui rendirent la liberté que moyennant 2,000 livres de rançon. L'autre exemple fait connaître le désordre qui régnait à ces déplorables époques, car les seigneurs français eux-mêmes se livraient aux actes les plus condamnables. M. Raynal, dans son *Histoire du Berry*, nous montre, en 1368, à peu près dans le même temps où se passait le fait précédent, Guillaume de Barbançois, sire de Sarzay, qui rassemble 40 lances, sous prétexte de s'opposer aux Anglais, lesquels occupaient, non loin de son château, ceux de Briantes, du Chassin et du Lys-St-Georges ; mais il s'empare de La Châtre et ses hommes y commettent les plus indignes excès. Pendant de longues années, il fut poursuivi par Guy de Chauvigny, deuxième du nom, qui était seigneur de La Châtre, en même temps que de Châteauroux, et il ne put obtenir qu'en 1385 des lettres d'abolition (ou de grâce) du roi Charles VII.

Enfin, une sorte d'esprit national, favorisé par la nécessité de la défense commune, parvint à se former. Le traité de Bretigny, quoique bien ruineux, permit de mettre un peu d'ordre dans l'administration, et la France eut le bonheur de trouver dans le Dauphin, depuis Charles V, un prince dont la politique, habile et patiente, parvint à reconstituer le royaume.

Ce ne fut cependant que vers la fin du règne de Charles VII que les Anglais furent définitivement expulsés de nos châteaux-forts.

Après les considérations d'histoire générale qui précèdent, il est temps de nous occuper de nos anciens châteaux. CEUX DE LA CREUSE sont les plus remarquables. Cette belle rivière peut se diviser en deux parties. La première, qui sort de l'ancienne province de la Marche, est encore torrentueuse en entrant dans notre département, et ses bords sont partout on ne peut plus pittoresques. A Argenton, son cours est devenu calme. Jusqu'à Tournon, où la Creuse quitte notre département, elle offre encore des bords pittoresques, mais son cours a pris un caractère plus imposant et plus majestueux.

Prenons Argenton pour point d'intersection. Sur la rive gauche de la Creuse, il existait un *château* de toute antiquité. Il constituait la clef de l'Aquitaine. Il fut détruit en 766 par le duc Waifre. Pépin le rétablit et y mit une garnison française. Pendant les guerres du moyen âge, il fut assiégé et pris nombre de fois. En 1020, il tomba entre les mains d'Eudes l'ancien, fils de Raoul, fondateur de Châteauroux, et subit les vicissitudes du Bas-Berry. Philippe Auguste s'en empara en 1188. Pendant le règne de Henri III, en 1577, les ligueurs, sous le commandement du maréchal de La Châtre, tentèrent vainement de s'en rendre maîtres. Le 15 mars 1589, Henri IV s'en saisit. Dans une de ses lettres, il manifeste toute sa joie d'avoir pu prendre, *miraculeusement*, une place aussi forte.

Sous le ministère du cardinal de Richelieu, la destruction du vieux château d'Argenton fut résolue, et des lettres patentes de Louis XIII, du 11 juillet 1632, ordonnèrent la levée de 20,000 livres nécessaires pour subvenir aux frais de la démolition. Le même roi, revenant de Toulouse avec le cardinal, après la condamnation du connétable de Montmorency, et couchant le 12 novembre de la même année à Saint-Marcel, s'aperçut que la tour du guet était encore debout, et, la considérant comme dangereuse, en ordonna la destruction. Louis XIV donna enfin l'ordre de faire sauter tout ce qui restait de ces fortifications.

Aujourd'hui, ce monument de la puissance militaire et féodale n'offre plus que des masses bouleversées. L'antique tour d'Héracle, ensevelie sous ses propres débris, semble menacer le pont Neuf et la route qui tourne autour du château. Les restes des murailles, inclinées dans tous les sens, se maintiennent dans cette position depuis plus de 200 ans.

A l'entrée de la Creuse dans le département de l'Indre, on trouve les *imposants et sauvages vestiges de l'antique forteresse de Crozant.* Le promontoire si abrupte, d'un accès si difficile, qui s'élève entre les torrents de la Creuse et de la Sédelle, constitue par lui-même un lieu de défense qui n'a pas manqué d'être utilisé depuis que les hommes ont commencé à se livrer des combats. « Les deux torrents, qui se réunissent avec fracas à l'extrémité de la presqu'île, dit George Sand, y entretiennent, en bondissant sur d'énormes blocs de rochers, un mugissement continuel. Les flancs de la montagne sont bizarres et partout hérissés de longues roches grises qui se dressent du fond de l'abime comme des géants, ou pendent, comme des stalactites, sur le torrent qu'elles surplombent. Les débris des constructions ont tellement pris la couleur et la forme des rochers, qu'on a peine, en beaucoup d'endroits, à les en distinguer de loin. On ne sait donc qui a été plus hardi et plus tragiquement inspiré, en ce lieu, de la nature ou des hommes, et l'on ne saurait imaginer, sur un pareil théâtre, que des scènes de rage implacable ou d'éternelle désolation. »

Je ne m'arrêterai pas à décrire ces ruines, où l'on remarque la *place d'Armes*, la *tour du Renard*, la *tour dite de l'Eau*, la *Tour Colin*. L'historique de la forteresse sera plus intéressant.

Au temps d'Alaric, Crozant était déjà une redoutable forteresse, qui protégeait les frontières septentrionales de l'empire des Visigoths, dans les Gaules. Après l'expulsion de ces barbares, elle devint une des quatre résidences princières du royaume d'Aquitaine.

En 780, Charlemagne proclama son second fils, Louis, âgé de trois ans, roi d'Aquitaine. Ce jeune prince, sous la direction du duc Arnold, s'initia aux mœurs et au langage du pays ; il passait un quartier d'hiver dans la maison royale de Crozant.

Après de grands troubles, Pépin institua comte de la Marche le fameux Robert le Fort tige des rois de la troisième race. Les comtes de la Marche, dont la demeure était la forteresse de Crozant, ne furent pas les derniers à profiter de l'affaiblissement des rois de

France pour se rendre indépendants. La Marche a eu 49 comtes ; parmi ces comtes, il y a eu ceux de la maison d'Angoulême, de la maison de Charroux, de la maison de Montgommery, de la maison de Lusignan. Beaucoup de poétiques traditions se rattachent au séjour des Lusignan dans la Marche.

Quant le roi Jean eut perdu la bataille de Poitiers, Guillaume Foucault, gouverneur du château de Crozant, défendit, avec succès et énergie, le château contre le prince Noir. En 1578, les huguenots s'y défendirent et les murailles en souffrirent beaucoup.

Henri IV, devenu roi, voulant apaiser les troubles qui résultaient de la conspiration du comte d'Auvergne et du duc de Bouillon, se décida, en 1605, à parcourir, avec une petite armée, les provinces du Centre. Il vint à Limoges et passa une semaine à Saint-Germain-Beaupré. *Un jour fut consacré à la visite de Crozant, qui conservait encore de magnifiques restes de splendeur.* Les Foucault gouvernèrent longtemps la province de la Marche ; l'un d'eux portait le titre de *baron de Crozant.*

De 1522 à 1791, quatorze princes ou princesses eurent la province de la Marche pour apanage ou pour douaire. La plupart habitèrent plus ou moins le château de Crozant.

Ce château qui était imprenable avant l'usage de la poudre à canon, fut démoli en grande partie sous le ministère du cardinal de Richelieu.

En descendant le cours de la Creuse, on rencontre *Château-Brun.* Bien moins ancien que Crozant, il n'appartient qu'à l'époque féodale. Les vestiges de ses nombreuses constructions attirent avec raison la visite des amateurs de l'histoire et de la belle nature. Après avoir passé le pont des Piles, on est subitement frappé, en remontant le coteau, de l'aspect imposant des ruines de Château-Brun. Il faut beaucoup de détours pour arriver à la plate-forme. De là, on découvre le bassin de la Creuse et les ravins environnants qui sont remplis de la plus belle végétation. On domine, de toutes parts, les montagnes voisines.

D'où vient le nom de Château-Brun ? Une tradition attribue la fondation de ce château à Hugues, sire de Lusignan, dit *le Brun.* Ce Hugues, de 1180 à 1208, était comte de la Marche : parent d'Albert de Montgommery, il l'aurait dépouillé de ce château. En 1290,

Pierre Ier de Naillac, seigneur du Blanc, s'intitula aussi seigneur de Château-Brun. Un mariage fait passer Château-Brun dans la famille de Gaucourt.

A l'époque de Catherine de Médicis, Jean de Beaune, son premier maître d'hôtel, se trouvait propriétaire de Château-Brun. En 1577, cette terre et châtellenie advint à la famille de Montmorency par le mariage d'Anne de Montmorency, baron des Fosseux, avec Marie de Beaune.

Par son testament, Nicolas de Montmorency légua, en 1740, la terre de Château-Brun à sa cousine, Gabrielle de la Marche, mariée à Pierre de Forges, seigneur de Barneufve et de Châteauvieux. Le fils aîné de cette dame, mort à Argenton en 1802, a laissé deux filles et un fils. L'une des filles a épousé le célèbre Royer-Collard. En 1811, la terre fut partagée. Le château échut à M. Royer-Collard; il était alors bien conservé. Mais le nouveau propriétaire n'étant pas d'humeur à y dépenser sa fortune en réparations, le céda à son beau-frère, qui s'y constitua une habitation dans la salle du corps de garde; on l'appelait le marquis de Châteaubrun.

M. de Forges de Châteaubrun avait été page de la reine Marie-Antoinette. Mais ce rejeton d'une grande famille, ne tenant aucun compte des souvenirs d'une si intéressante demeure, en vendit les pièces de charpentes et les pierres de taille. Ce fut en 1827 que commencèrent ces dévastations. Après les premières ventes, on détruisit le magnifique escalier à noyau, puis les crénaux, encoignures, etc., furent arrachés pour faire argent. Ce seigneur, si peu digne du nom qu'il portait, se retira à Cuzion, où il mourut en 1847. Après sa mort, les ruines de Château-Brun passèrent à son fils naturel, simple employé en Algérie, qui les vendit à un spéculateur pour quelques milliers de francs. Elles ont été rachetées par M. Dubreuil-Dubost, de Gargilesse, qui a voulu en assurer la conservation.

Châteaubrun, loin d'être une position aussi forte que Crozant, constituait cependant une place d'une grande importance. Entourée de ravins presque inaccessibles, on ne pouvait y arriver que très-difficilement, et, du côté du plateau, un vaste fossé et de nombreux moyens de défense la protégeaient.

L'aspect des constructions et les notions historiques concordent pour faire les rapprochements suivants :

Le donjon remonte au XIIe siècle ; le porche et la tour du corps de garde paraissent appartenir au XIVe. Le logement des seigneurs rappelle le temps de François Ier et de Henri II. Enfin, la tour carrée accuse la Renaissance et la fin du XVIe siècle.

Si les sites de Crozant et de Châteaubrun diffèrent essentiellement, il en est de même à *Gargilesse*. Le touriste, qui voudra s'y acheminer, y trouvera un spectacle tout nouveau. Sa position singulière ne saurait, en effet, se comparer à aucune autre, et sa charmante église appellera toujours l'attention des artistes. Le vieux château, la nouvelle construction du marquis de Gargilesse, l'église, le rocher, tout cela se tient et se trouve dans la même enceinte. « Nul ensemble, selon G. Sand, n'a une situation plus étrangement mystérieuse et romantique. »

Gargilesse était autrefois une place fortifiée appartenant aux sires de Naillac ; elle relevait de la baronnie de Châteauroux. Dès le XIIe siècle, Hugues de Naillac, rendait foi et hommage, pour les châtel et châtellenie de Gargilesse, à André de Chauvigny, comme époux de Denise de Déols, et se reconnaissait son homme-lige. Les descendants de Hugues continuèrent de posséder cette seigneurie jusqu'au XVe siècle.

Après avoir plusieurs fois changé de maîtres, la seigneurie de Gargilesse avait été acquise par les Dubreuil-Dubost, seigneurs du Broutet, et se trouvait entre leurs mains, lorsqu'elle fut appelée, pour la dernière fois, à jouer un rôle dans l'histoire de la province. C'était en 1650, M. du Broutet, mestre de camp de cavalerie, qui tenait pour le prince de Condé, s'était retiré, avec une partie de la cavalerie de la garnison de Montrond, dans son château de Gargilesse, dont il incommodait fort le voisinage. Le 16 septembre, au point du jour, les troupes du comte de Saint-Aignan investirent le château. Le comte lui-même y arriva « avec une petite pièce de canon, laquelle ayant été pointée, emporta, bien qu'elle *creväst* de son premier coup, le bas d'une guérite de ce château, et coupa la cuisse d'un gendarme du prince de Condé, qui la gardait. » M. de Saint-Aignan fit alors établir un sape au pied de la muraille, tandis qu'il demandait de l'artillerie à Issoudun. Mais le renfort n'eut pas même le temps d'arriver ; le manque d'eau et de munitions, joint à une révolte parmi les fusiliers, obligèrent les assiégés de se rendre à discrétion le surlendemain. 91 hommes de guerre, tant officiers que soldats, qui défendaient Gargilesse, 29 valets et 150 chevaux tombèrent au pouvoir du vainqueur.

Aujourd'hui, il ne reste plus du château que quelques tours délabrées et un mur d'enceinte presque détruit qui domine la vallée ; mais du côté du village de Gargilesse, le marquis, récemment décédé, a fait construire une maison moderne, qui touche à l'église, et par laquelle on accède par une ancienne porte flanquée de tourelles, espacées d'une ogive, au-dessous de laquelle se dessinent les coulisses qui étaient destinées à la herse. — Un rocher, en pain de sucre, s'élève dans la cour du château, et contribue à donner à cette enceinte un aspect tout à fait bizarre.

Il n'entre pas dans notre plan de nous occuper de l'église de Gargilesse, malgré tout l'intérêt qu'elle présente.

Après Gargilesse et près de la Creuse, est un antique château, appelé la *Preugne*, la *Prugne*, ou la *Prune au pot*, du nom de la famille Pot de Rhodes, qui l'a possédé jusqu'en 1484, époque où un mariage fit passer la seigneurie entre les mains des Montmorency. Il n'en reste plus que deux tours découronnées et des pans de murailles. Henri IV y coucha, dit-on, en 1589, avant de s'emparer du château d'Argenton.

Le *château de Connives*, situé sur la rive gauche de la Creuse, est moderne. Il a appartenu aux Bois-Bertrand ; il est aujourd'hui à la famille Duligondès. Il se fait remarquer par deux belles tours.

Nous descendons toujours la Creuse, et nous arrivons à la petite *ville de Saint-Gaultier*. Elle fut fermée de murs au XVIe siècle, mais elle n'avait pas de château. —A peu de distance la vallée s'élargit considérablement et l'on aperçoit sur la gauche le *château de la Tour*, à Rivarennes. Mme la comtesse de Rocheplate en est maintenant propriétaire. Près de là le château de M. le comte de La Faire. — A droite, on remarque l'ancien fief des Chézeaux, habité par M Loisellier ; du même côté, sur le coteau, la propriété du Terrier, et celle du Tertre, récemment construite par MM. Frichon père et fils ; plus loin encore Boismarmin, dont le propriétaire porte ce nom.

A quelques lieues au delà, sont les trois châteaux de Cors, de La Barre et de Romefort ; ils sont situés sur la rive gauche et appartiennent à M. le comte de

Bondy. Nous parlerons d'abord du château de La Barre qu'habite ce nouveau sénateur.

Les plus anciens propriétaires et probablement les constructeurs du *château de La Barre* sont les La Trémouille. Son architecture accuse le XIIIe siècle par la forme des tours et des machicoulis. Le corps de logis a quatre étages; il est flanqué de deux tours inégales; ses fenêtres sont irrégulières. Une construction moins élevée continue le château et se trouve aussi terminée par deux tours, mais plus petites.

Dans l'une des tours, qui était autrefois et qui est encore un oratoire, on remarque des peintures à fresque qui sont une véritable curiosité. En voici le sujet : Le sire Jean de La Trémouille, surnommé Trouillard, est représenté avec sa femme, Jacquette d'Oradour, fille d'André d'Oradour, seigneur du Bouchet en Brenne. Ils sont conduits par saint Jean-Baptiste et saint Jean l'évangéliste devant l'image sacrée, connue dans l'église sous le nom de *Mater dolorosa*. On y voit encore d'autres figures représentant leurs enfants, trois filles et deux fils. Diverses inscriptions accompagnent les figures. On constate, dans cette peinture, les armes de La Trémouille, qui sont d'or au chevron de gueule cantonnées de trois alérions d'azur.

Un élégant perron, placé vers le coteau, donne accès aux appartements. Sur le coteau même est une chapelle très-simple, mais de bon goût.

Le *château de Cors* (*de Cornu*) précède le château de La Barre; on ne sait qui l'a fondé. — En 1420, Radégonde était dame de Cors. - En 1440, Georges Sully ou de Seuly était seigneur de Cors et de Romefort; son fils, Guyon de Seuly, fut seigneur de Cors, de Romefort, de Gargilesse et de Labélonière.

Les noms de Senneband, de Prie, de Parabère de Saint-Romain, d'Aumont se mêlent à l'histoire de Cors. Des membres de la famille de Prie étaient seigneurs de Cors et de Buzançais.

M. Dupin, fermier général, est devenu possesseur de Cors; c'est lui qui a fait les constructions qui existent autour du donjon, M. le comte de Bondy en a fait l'acquisition en 1853.

La grosse tour du donjon se présente au sommet de magnifiques boulingrins. Sa conservation est encore assez bonne pour y reconnaître tous les anciens moyens de défense. La forme élégante et les sculptures des machicoulis indiquent qu'elle était possédée par des seigneurs riches et puissants. Un escalier pratiqué dans une petite tour accolée à la grande permet d'arriver à tous les étages Du haut de la grosse tour, la vue s'abaisse délicieusement sur le cours de la Creuse, qui forme en amont une longue nappe d'eau. ou se porte au loin sur le plateau et le vieux château du Bouchet qui domine l'horizon. Cette grosse tour est à vingt-deux mètres au-dessus du niveau de la Creuse.

Après le château de La Barre, sur un coteau abrupt, s'élève le vieux *château de Romefort.* Isolé à l'est par un profond ravin, à l'ouest par le chemin qui aboutit au gué de la Creuse, il se dresse sur une hauteur et domine le pays circonvoisin.

Il consiste en une tour carrée, d'une trentaine de mètres de hauteur, flanquée de quatre tours rondes de même élévation, qui sont engagées dans chacun de ses angles. Le pied de la tour est à vingt-deux mètres au-dessus de la Creuse.

Une large porte cintrée donne entrée dans une cour. A gauche est le donjon, à droite la chapelle, au fond l'habitation du châtelain. La salle inférieure du donjon, de six mètres sur toutes les faces, présente, dans son milieu, un pilier en pierres de taille, sur lequel viennent s'arcbouter quatre arceaux, terminés par des bas-reliefs. Au troisième étage, on remarque douze moucharabys. De larges et profondes douves empêchent l'approche du donjon. M. le vicomte Lionel de Bondy fait faire, depuis quelques années, de très importantes réparations à cette ancienne construction.

Le château de Romefort est, sans contredit, un des monuments les plus remarquables de notre pays. Sous Philippe Auguste, Gaudin de Romefort avait traité de sa neutralité avec ce souverain qui allait commencer sa lutte avec les Anglais. Cent ans après, Geoffroy-Loube était possesseur de Romefort. Comme à Cors, les noms de Prie, de Parabère, de Saint-Romain, d'Aumont, de Sully se mêlent à l'histoire de Romefort. Vers 1642, Romefort appartenait à la famille d'Harambure. En 1780, la propriété passa à Pierre Perrin, puis à divers acquéreurs; enfin, en 1854, à M. le comte de Bondy.

Après un château en ruine appelé *Issoudun* et qui domine la Creuse, château dont je ne connais pas l'histoire, nous arrivons à la *ville du Blanc.* Cette ville a eu récemment son historien en M. le docteur Gaudon, à l'ouvrage duquel il faut renvoyer ceux qui voudront la connaître avec détail. Bornons-nous à quelques indications se rapportant à notre sujet. Il y avait autrefois trois châteaux dans la ville haute. Les Hautes-Tours, le château des Bordes et celui des Naillac. Le château des Naillac est le seul qui persiste, mais profondément modifié. — Le château des Hautes-Tours était un de ces repaires féodaux destinés à dominer le pays ; on le nommait aussi le donjon. Son origine se perd dans la nuit des temps. Dès le XIVe siècle, il avait perdu son importance. Il devint successivement la propriété des familles Guenaud, La Rochefoucauld, Rochechouart, La Trémouille. — Le *château des Bordes* n'était qu'une dépendance du précédent. Tous deux relevaient de la tour de *Maubergeon* à Poitiers.

Quant au *château de Naillac*, il relevait des seigneurs de Châteauroux. Les Naillac portaient le titre de seigneurs du Blanc. Leur château ne s'est élevé qu'après la déchéance de celui des Hautes-Tours. Hugues, le premier de cette famille, figurait au temps d'André de Chauvigny. Les Naillac ont fini par se fondre dans la famille des Alloigny de Rochefort. Enfin, en 1738, Claude Dupin, fermier général, acheta la terre du Blanc, et c'est par lui qu'elle est advenue à la famille Vallet de Villeneuve.

Du Blanc à Tournon, les bords de la Creuse sont des plus attrayants ; mais, en fait de châteaux, il ne nous offrent plus à étudier, sur la rive droite, que l'antique oratoire de Bénavant et son château moderne habité par M. le comte de Poix, et, de l'autre côté de la Creuse, les ruines du *château de Rochefort* ; ce château, autrefois considérable, ne présente plus maintenant que quelques pans de murs tapissés de lierre et perchés sur le haut d'un rocher à pic. Rochefort qui, dans ses souvenirs, rappelle le séjour qu'y fit Henri IV, a acquis, à la fin du siècle dernier, une bien triste célébrité. Il fut, en 1796, le théâtre des exploits des *chauffeurs*, brigands redoutés qui mettaient sur des charbons ardents les pieds de leurs victimes, pour faire avouer où était déposé l'argent qu'elles possédaient.

Passons à présent à la RIVIÈRE DE L'ANGLIN. Elle prend sa source sur les confins de la Haute-Vienne et se jette dans la Gartempe à la Roche-Posay ; elle nous offre à examiner aussi d'antiques résidences. Avant de terminer cette séance, je passerai brièvement en revue les principales. Et d'abord le *château de Chazelet*, situé sur l'*Abloux*, confluent de l'Anglin, mérite que nous nous y arrêtions un instant. J'en présenterai un aperçu d'après le docteur Elie de Beaufort qui en a fait une étude particulière. Ce château, ayant toujours été habité, se trouve dans un état parfait de conservation. Les constructions datent de deux époques. La plus ancienne était la demeure de la famille de l'Age. La seconde, qui est de 1544, a été habitée par les anciens seigneurs de Chassingrimont, François de Pot et ses successeurs. Après la famille Pot, Chazelet passa à celle d'Aubusson, puis à celles de Rillac, de Verthamon, de Turpin de Crissé et de Douhault. A propos de ce nom, je ne puis m'empêcher de rappeler un procès célèbre. Mme de Douhault était morte veuve et sans enfants, le 19 janvier 1788, à Orléans. Au mois d'octobre 1791, une prétendue dame de Douhault se présente, disant qu'elle n'était pas morte et qu'elle avait été enfermée indûment à la Salpêtrière. Dans ce temps où l'on accumulait contre la noblesse tous les griefs possibles, vrais ou faux, l'occasion de lui imputer un crime de plus est saisie avec avidité, et bien des gens prétendent la reconnaître. Elle trouve des protecteurs ; un procès est intenté aux parents de Mme de Douhault et à ceux de son mari. Malgré l'évidence de l'imposture, montrée par la constatation du décès par les médecins, les gens de la maison, les agents de l'autorité et les parents respectables qui avaient assisté à la maladie et à la mort de la vraie Mme de Douhault, les procédures durèrent plusieurs années ; enfin, tous les jugements intervenus confondirent l'aventurière.

Après M. de Douhault, Chazelet passa au vicomte de Lude, puis par mariage au marquis d'Hallot, qui le vendit, en 1825, à M. de Tillière, dont le fils habite aujourd'hui le château.

Ce château est un assez beau morceau d'architecture féodale. Ses murs sont couronnés de machicoulis. Trois étages s'élèvent au-dessus du rez-de chaussée. La position de cet édifice sur un point élevé permet de jouir d'une vue charmante, qui embrasse la vallée de l'Abloux, jusqu'à une distance de plusieurs lieues. L'intérieur est très-soigné. On conserve dans une chambre une tapisserie en laine, soie, or et argent, à paysages et à personnages, et représentant des scènes du *Roman de la Rose*. Cette chambre était celle de Mme de Douhault, et l'aventurière, dans son interrogatoire, ne put dire comment était tendue cette chambre dont elle aurait dû connaître les particularités.

L'ALMETTE est un autre affluent de l'Anglin ; c'est sur ce cours d'eau que se trouve la vaste et ancienne construction appelée *Château-Guillaume*. L'ensemble du château présente un quadrilatère irrégulier, dans les angles et les côtés duquel sont distribuées des tours de diverses grosseurs. C'est une masse énorme, entièrement bâtie en pierres de taille et qui n'a pas moins de 54 pieds de face sur 36 de côté. L'Almette qui coule au bas du château, et à laquelle se joint un ruisseau, était retenue par une chaussée gigantesque, ce qui élevait les eaux de manière à remplir les fossés du château et à former un vaste étang, aujourd'hui converti en prairie.

Une obscurité complète couvre de ses voiles l'origine de Château-Guillaume. Il faut remarquer qu'un certain nombre de nos vieilles forteresses, ayant été bâties pendant nos guerres avec les Anglais et occupées longtemps par eux, leurs titres ont dû être emportés ou détruits à l'époque de leur retraite. Tout ce qu'on sait, c'est que la famille de La Trémouille a possédé longtemps Château-Guillaume et que l'on attribuait son nom à Guillaume, l'un de ses membres qui vivait au XIe siècle. Après les La Trémouille, il est passé à la famille de Lafaire qui l'a possédé jusqu'à nos jours. La propriété est échue aujourd'hui par héritage à Mme la comtesse de Traversay.

En descendant le cours de l'Anglin, nous arrivons à *Belâbre*. Son antique château a fait place à une maison moderne, qui se recommande par l'agrément de sa situation, l'abondance de ses eaux, l'étendue de son parc et la beauté de son orangerie. Quelques vestiges d'épaisses murailles marquent encore le lieu qu'occupait l'ancien fort, sur l'origine et la destruction duquel nous n'avons aucun renseignement. — Par lettres patentes du 28 octobre 1370, le prince de Gales donna Belâbre, alors *Bellarbre*, à Guillaume Loube, seigneur de la Gâtevine, pour le récompenser de ses services. — La terre de Belâbre fut érigée en marquisat en 1650, en faveur du président Lecoigneux.

Les *châteaux de Roche et de Forges* ont souvent été en la possession des mêmes seigneurs. Il en est fait mention au XIIIe siècle. Ils furent reconstruits postérieurement.

Roche est de la dernière période qui précéda la Renaissance. Restauré actuellement dans le style de l'époque, il offre plutôt l'aspect d'une maison seigneuriale du temps de Louis XI que celui d'un château fort destiné à défendre le pays contre des troupes ennemies. Ses vastes souterrains, qui pouvaient recevoir des bataillons entiers, communiquaient entre eux et avec les divers étages. Les eaux de la rivière baignent la terrasse. Le château de Roche appartient à la famille de Villeneuve.

Forges avait plus d'importance féodale. Sa situation, sur une butte au bord de l'Anglin, en rendait l'approche assez difficile. Odonet de Poix possédait ce château en 1368. Les lions des Naillac figurent au-dessus de sa porte.

Le petit *château d'Ingrandes*, que l'on trouve en poursuivant le cours de l'Anglin, est à demi ruiné. Ses tourelles sont couvertes de lierre.

La *Grand'Maison* a perdu son vieux cachet féodal ; ce n'est plus qu'un petit castel modernisé. On a trouvé original de surmonter l'une de ses tours d'un belvédère où l'on parvient au moyen d'un escalier extérieur.

Plaincourault n'offre plus que les restes d'un château. C'était une commanderie de l'ordre de Malte.

Cette série de châteaux et de ruines se termine par les flancs de la montagne où s'appuient les tourelles de la *Roche-Bellusson*. Peu de sites sont aussi pittoresques. Cette propriété a appartenu à la famille de Salignac-Fénelon. Elle est aujourd'hui en la possession de M. Bonazet qui en a fait une charmante habitation.

Il me reste encore à parcourir les bords de la Bouzanne et ceux de l'Indre, la Brenne et quelques autres contrées où des châteaux plus ou moins anciens sont dispersés. Leur étude n'est pas moins intéressante que celle des bords de la Creuse et de l'Anglin. Ce sera, si vous le voulez bien, messieurs, l'objet de deux nouvelles conférences.

NOTA. Cette conférence et les suivantes, préparées, comme la première, pour le Cercle catholique, n'y ont pas été lues.

APERÇU GÉNÉRAL

SUR

LES CHATEAUX DU BAS-BERRY.

Troisième Conférence.

Messieurs,

En terminant ma seconde conférence, je vous ai dit qu'il me restait, après les châteaux de la Creuse et de l'Anglin, à vous parler de ceux de l'Indre, de la Bouzanne, de la Brenne et de quelques autres localités. Je vais donc m'occuper de remplir ce programme.

En prenant la RIVIÈRE DE L'INDRE peu à près sa source et à son entrée dans notre département, nous trouvons sur son cours le château de Sainte-Sévère, dont je vous ai assez longuement parlé à propos du siége fait par Duguesclin, puis, quelques lieues plus bas à droite, celui très-intéressant de La Motte-Feuilly.

Le nom de *La Motte-Feuilly* a été évidemment corrompu de celui de La Motte Seuilly qu'avait valu à cette châtellenie sa possession, au XIIIe et au XIVe siècle, par des membres de la famille de Seuilly, Seuly ou Sully. Eudes de Seuly la possédait en 1304. Charlotte d'Albret avait acheté, des seigneurs de Culant, par acte du 20 juin 1504, les terres de La Motte-Seuilly, Néret et Feusines, moyennant la somme de 7,500 livres tournois.

Par des raisons politiques, la jeune Charlotte d'Albret, sœur du roi Jean d'Albret, de Navarre, fut donnée en mariage à César Borgia, qui avait reçu l'investiture du duché de Valentinois. C'était, dit Brantôme, une des belles filles de la cour Ange de douceur et d'innocence, elle avait respiré la vertu auprès de Jeanne de France, sa cousine, qui l'avait prise dans une affection toute particulière. Aussi distinguée par les qualités de son esprit que par les agréments de sa personne, elle avait, même parmi le peuple, une bonté qui la faisait chérir de tous. Mais, jamais plus de vertus ne furent mises en contact avec plus de vices. Peu de temps passé avec celui à qui on l'avait livrée avait suffi à Charlotte d'Albret pour lui faire apprécier toute l'étendue de son malheur. Ne pouvant supporter le séjour d'une cour où elle n'avait rencontré aucune protection efficace contre l'infamie à laquelle on l'avait vouée, et où, d'ailleurs, elle ne retrouvait plus celle qui lui avait prodigué, pendant longtemps, la tendresse d'une mère, elle résolut d'aller enfermer ses chagrins dans la solitude la plus éloignée ; elle se retira au château de La Motte-Feuilly.

Là, le deuil dans le cœur, comme dans sa parure, donnant au sourire enfantin d'une fille chérie tous les instants qu'elle dérobait aux larmes, Charlotte voyait sa vie se consumer, sans autre regret que celui de ne pouvoir peut-être longtemps continuer ses soins maternels à cette petite Louise dont les embrassements répondaient à ses caresses.

Une nouvelle douleur vint s'ajouter à toutes celles qui accablaient déjà la duchesse de Valentinois. Ce fut celle que lui causa la perte de sa plus tendre amie, de cette sainte parente, Jeanne de France, qu'elle allait souvent visiter dans sa retraite de Bourges, et qui, répudiée de son époux, lui offrait un si touchant exemple de résignation.

De ce moment, elle ne sortit plus de La Motte-Feuilly. Jeune femme de vingt-cinq ans, désormais étrangère à un monde qui l'avait si profondément ulcérée, elle laissa couler des jours qui furent tous marqués par la bienfaisance et la piété, et mourut neuf ans après, le 11 mars 1514.

Charlotte d'Albret, d'après ses dernières volontés, fut inhumée à Bourges, dans l'église des Annonciades, à côté de Jeanne de France ; mais sa fille, qui fut mariée au sire de La Trémouille, voulut conserver, à La Motte-Feuilly, le souvenir de sa piété filiale et du long exil auquel sa mère s'y était condamnée. Elle lui fit ériger un magnifique tombeau en marbre dans l'étroite enceinte de l'église. Objet de vénération et de respect pendant près de trois siècles, ce monument fut brisé, à l'époque de la première révolution, par des barbares qui ne furent arrêtés ni par les vertus qu'il rappelait, ni par la sainteté du lieu qui devait le protéger.

Aujourd'hui, le voyageur cherche en vain à coordonner ce qui reste des débris épars du mausolée. La statue de Charlotte, cassée en trois morceaux, la figure mutilée ainsi que les mains, est debout adossée à la muraille de la chapelle. La table de marbre noir, sur laquelle elle était couchée, est engagée dans le pavé de la nef, et c'est à peine si l'on peut lire ce qui reste de l'inscription qui l'entourait. De petites figures fort gracieuses, représentant la tempérance, la force, la justice, et encadrées dans des médaillons pleins de goût, gisent dispersées çà et là avec des fragments de légers pilastres arabesques, chargés de dessins allégoriques. Une autre statue, tellement mutilée qu'elle ne présente plus qu'un bloc informe, paraissait tenir dans ses mains l'image de l'église. La main qui soutient l'édifice est admirable d'exécution. Toutes ces parties sont du plus beau marbre blanc, à l'exception des pilastres, qui sont en marbre noir.

Les *Esquisses pittoresques* de M. de La Tramblais représentent les vestiges de ce tombeau, et les *comptes rendus de la société du Berry* ont donné, d'après la *Revue des sociétés savantes*, une pièce curieuse intitulée : *Marché et devis du tombeau, tombe et statue en marbre et albâtre du Dauphiné, commandés par Louise de Valentinois, dame de La Trémouille, à Martin Claustre, tailleur d'images de Grenoble*. Ces ouvrages devaient être payés au sieur Claustre 500 livres tournois ; 100 livres versées d'avance.

Le château se fait remarquer par une porte d'entrée colossale, armée de machicoulis, et par un haut donjon muni des mêmes moyens de défense. La tour du donjon renferme un de ces anciens instruments de torture, dont l'application avait été réglée par une ordonnance de 1670. Le jardin, qui offre des eaux magnifiques, contient un if gigantesque qui mesure 8 mètres de tour, et l'espace que couvrent ses branches présente une étendue de 22 mètres.

Cette propriété appartient depuis longtemps à la famille de Maussabré.

Nous arrivons à *La Châtre*. Cette ville, au moyen âge, ne consistait que dans un petit château sans importance, avec une étroite enceinte incapable de résister aux attaques des bandes qui, à cette époque, ravageaient notre province. Le besoin de se prémunir contre ces attaques fit entreprendre un nouveau château qui fut construit près de l'ancien. On éleva d'autres murs autour de la ville et l'on désigna les quartiers compris dans la nouvelle enceinte sous le nom de Château-neuf, Ville neuve (*castrum novum, villa nova*). On les trouve indiqués dans des actes de 1427, de 1444, etc. On y pénétrait par plusieurs *huissels* ou portes, et c'est de là qu'est venu le nom de la rue de l'*hussel*. La grosse tour qui avait aussi son *huissel* particulier, est la seule partie qui reste de tous ces travaux de défense. C'est une sorte de bâtiment carré, élevé sur la partie la plus abrupte de la colline, et dont l'architecture n'offre aucun intérêt. On en a fait la prison actuelle.

Près de La Châtre, sur le côté droit de la route de La Châtre à Châteauroux, on rencontre le *château d'Ars*, dont l'architecture offre tous les caractères du style de la renaissance et dont une tradition locale attribue la construction à Diane de Poitiers. Il est certain du moins que le château date du XVIe siècle. Sa belle façade est représentée dans les *Esquisses pittoresques*. Les seigneurs d'Ars étaient alliés aux plus grandes familles de la province, et plusieurs sont honorablement mentionnés dans l'histoire Pour ne parler que de l'un d'eux, Louis d'Ars, capitaine de cent hommes d'armes, et plus tard, lieutenant de la compagnie des ordonnances de Charles VIII, nous dirons que le célèbre Bayard, qui fit ses premières armes dans cette compagnie, se forma à l'exemple et par les leçons du seigneur d'Ars auquel il s'unit, dans la suite, par les liens d'une étroite amitié. L'un des plus brillants faits d'armes des campagnes d'Italie fut accompli par Louis d'Ars. Enfermé, en 1503, dans Venouse, ville du royaume de Naples, avec un faible détachement, il s'y défendit courageusement pendant plus d'une année, refusa de capituler et effectua une retraite qui rappelle celle des Dix mille. A la tête de sa petite troupe, il sortit de Venouse en bon ordre de bataille, traversa une partie du royaume de Naples et toute l'Italie à la vue des ennemis qui osèrent à peine l'attaquer, et arriva triomphant à Blois, où la cour, qui s'y tenait alors, le reçut avec enthousiasme.

Un peu plus loin toujours sur le côté droit de la route et de l'Indre est le *château de Nohant*. C'est une construction moderne; mais comment pourrait-on passer sous silence une demeure qui a acquis une célébrité qu'elle doit tout entière à son possesseur, à une femme qui, sous le pseudonime de George Sand, est devenue une des grandes illustrations littéraires contemporaines ? Nohant n'était jadis qu'un simple fief mouvant de la seigneurie de St-Chartier. Mme Dupin, après la ruine de son mari, en fit l'acquisition au comte Piarron de Sereine ; on trouva encore le chiffre et les armes de ce gentilhomme qui avait fait bâtir le château. George Sand a achevé ce château, dans lequel on retrouve quelques restes du fief primitif.

Jetons-nous à gauche et avançons jusqu'au vieux *château fort de Sarzay*. On ne sait qui l'a construit ; mais à coup sûr il date des premiers temps de la féodalité. Ses tours élevées, leurs petites ouvertures, les fossés profonds qui l'entouraient, les tours accessoires, dont quelques-unes sont conservées et qui formaient une assez grande enceinte, tout était disposé pour la défense. Le corps de l'édifice est encore flanqué de quatre tours très-saillantes à chacun des angles. De plus, la façade antérieure en possède une autre destinée à contenir l'escalier. Ces tours et le corps central sont lézardés en plusieurs points ; d'immenses lierres couvrent la façade opposée à l'escalier ; tout en soutenant et protégeant les vieilles murailles, ils contribuent à dissocier les pierres en s'introduisant entre elles. Cependant le propriétaire actuel fait soigner les couvertures de ce vieux manoir, qui se trouve ainsi, en grande partie, préservé des dégâts que les pluies ne manqueraient pas d'y produire. Il se propose dit-on, de l'isoler de tous les accessoires et de l'entourer de prairies. Quant à l'intérieur, il est irréparable ; il n'y a qu'à le débarraser de tous les débris qui l'encombrent. La porte d'entrée est d'une construction assez récente. Les anciens habitants se contentaient de deux pièces aux divers étages Les tours formaient des moyens de défense. Le rez de-chaussée offre la place d'une chapelle ; on y reconnait encore un christ où les peintures du temps sont assez remarquables.

Le château fort n'est pas situé sur la partie culminante du pays, mais sur un étroit plateau enserré par les petites rivières de la Couarde et de la Vauvre qui lui forment une enceinte de protection ; de plus, un étang, actuellement transformé en prairie, baignait au levant les murs d'une première enceinte et remplissait les fossés.

Si l'on ne sait qui a bâti le le château fort de Sarzay, il est certain que la famille de Barbançois y avait transféré sa résidence dès le milieu du XIVe siècle ; elle en devait vraisemblablement la possession à une alliance aujourd'hui ignorée. Cette famille tire son nom d'un fief situé dans le voisinage de la petite ville de Chasteluz, en Marche ; c'est à présent un village du nom de Barbançais. La famille de Barbançois est l'une des plus considérables de la province du Berry, non-seulement par son antiquité, mais aussi par ses services militaires, ainsi que par les charges dont elle a été revêtue, ses alliances et ses possessions. La branche aînée a pris sa résidence principale, il y a environ deux siècles, au château de Villegongis, près Levroux, et Sarzay, qui restait aux cadets, a été vendu, avant la révolution de 1789, au fermier général de Laporte. M. de Laporte avait un fils qui reçut en partage la terre et le château de Meslay, près Vendôme, et M. de Sallabéry, gendre de M. de Laporte, eut Sarzay, vendu plus tard, par les deux fils de M. de Sallabéry et M. Delavau, son gendre, à M. de Fougerès, beau-père de M. de Nicolaï, possesseur actuel.

Si nous passons de l'autre côté de la route, nous parviendrons à l'*ancienne seigneurie de Saint-Chartier*, dont on remarque deux aspects des ruines dans les *Esquisses pittoresques* ; elle est appellée *Castellum sancti Karterii* ou *Charterii* dans quelques actes. En résumant ce qui se trouve dans *l'inventaire des titres du Duché-pairie de Châteauroux*, nous constatons qu'il y eut d'abord des seigneurs particuliers, et que plus tard, cette seigneurie fut achetée par les seigneurs de Châteauroux. Un mariage en rendit propriétaires les Bouteiller de Senlis. En 1441, Guillaume de Bouteiller vendit la terre à Marguerite de Chauvigny, veuve de Jean de Bretagne. En 1483, elle appartenait à François de Chauvigny ; en 1500 à Jean d'Aumont et à François de La Tour ; en 1629, elle était passée aux mains d'Aymard de Nicolaï ; en 1680, à Gilles Lucas, marquis de Saint-Mars ; enfin, en 1770, elle était possédée par Henri Gayard, grand prévôt du Berry. Acquise par la famille More on de Chabrillant, au commencement du siècle actuel, elle a été revendue, et les ruines du château converties en une ferme, étaient récemment habitées par M 'Nan, ancien commerçant. Ces ruines sont encore magnifiques et entourées de tours délabrées et de fossés. St-Chartier est situé sur l'Igneraie qui est un affluent de l'Indre.

Nous retraversons la route et nous revenons aux

bords de l'Indre. Là se présente le beau, le charmant *château du Magnet*. Placé à mi-côte, il domine de vertes prairies où la rivière se plaît à multiplier ses contours. La jolie flèche de sa chapelle, les clochetons, les pinacles et les pointes aiguës de ses toits et de ses nombreuses tours composent un ensemble d'une rare élégance. Tous ces avantages réunis font du château du Magnet l'une des plus intéressantes résidences de la contrée. C'est par les soins de M. Simons père, et sous l'habile direction de MM. Frolicher et Clément Parent, architectes, que le château du Magnet a été complétement restauré et embelli. L'ancienne chapelle, rendue à sa destination première, est remarquable par son ornementation ; elle a été bénie, le 11 septembre 1858, par Mgr Dupont, archevêque de Bourges.

La vieille seigneurie du Magnet paraît avoir été dans l'origine un démembrement de celles de Presle. Elle fut attribuée en partage à Hugues de Presle, qui porta ses terres à Hélie de Naillac. Guillaume III de Naillac, arrière-petit-neveu d'Hélie, fut conseiller et chambellan du roi, sénéchal de Saintonge en 1395, et mérita, par ses belles actions, le surnom de *preux chevalier*. Jean son fils fut tué à la bataille du Priset, en Beauce, en 1428. L'héritage de Jean de Naillac passa à ses trois sœurs. A la seconde, qui eut pour mari Pierre de Giac, surintendant des finances de Charles VII, échut la terre du Magnet. Leur fille, Louise de Giac, resta l'héritière de toute sa maison, et fut mariée à Jacques de la Queuille, issu d'une grande famille d'Auvergne. Son fils François acquit la seigneurie de Presle, et transigea, en 1518, avec le seigneur de Châteauroux, à qui il promit de faire foi et hommage de sa justice du Magnet. Les seigneurs de Presle se confondirent alors avec ceux du Magnet. Les terres passèrent, par des alliances successives ou des acquisitions aux familles Ricard de Genouillac, de Pot, de Gaud, de Mérode, de La Porte, de Moreton de Chabrillant. C'est de cette dernière famille que le château du Magnet et ses dépendances sont passés aux mains de M. Simons.

Nous n'avons que deux mots à dire sur le *château de Clavières*. C'était un ancien fief dont Guy III de Chauvigny, seigneur de Châteauroux, autorisa la construction par lettre de 1464. Il était habité par les gérants des forges et a été acheté, il y a peu d'années, par la la famille de Gabory.

Il nous est impossible, dans ces simples conférences, de nous occuper de tous les châteaux qui se trouvent dans l'arrondissement de La Châtre. Après avoir parlé des principaux, bornons-nous à énumérer les autres. Les châteaux de Briantes, du Chassin, du Magni, de Crevant, de La Berthenoux, de Rochefolles sont rasés ou n'offrent que des ruines. Le Fay, Fromenteau sont abandonnés aux fermiers. Le château de Montgivray est réparé et habité par Mme Clésinger. M. le comte de Montlevic a reconstitué celui qui porte son nom. Le château de La Lande, appartenant au comte de Nadaillac, est d'une construction assez moderne, et celui de Montveillé, construit par le docteur Delaveau, ancien député, est tout récent.

En descendant le cours de l'Indre, il faut s'arrêter au *château de Fougères*, devenu par les soins de la famille Crublier, une des plus jolies et des plus agréables habitations du département Deux belles tours sur le parc, une autre au milieu et en devant, formant la porte d'entrée et paraissant par sa disposition appeler le visiteur, donnent à ce château un aspect féodal. Il est, du reste, ancien, car voici une liste de ses possesseurs qui nous est fournie par le dépouillement des *titres du duché-pairie de Châteauroux* : En 1485, François de La Roche, écuyer, seigneur de Fougères : en 1531, Jacques de La Roche-Aymon, seigneur des fief et seigneurie de Fougères; en 1563, Jean de Beaucaire, seigneur de Paueiquillon, procureur fondé de la reine d'Ecosse, douairière de France (Marie Stuart), pour raison des fief et seigneurie de Fougères; en 1575, Zacharie Guérin, gentilhomme ordinaire de la chambre de Monseigneur pour raison des fiefs de Fougères, de Menou, etc.; en 1598, Jean de Rambure et Secondat rendent hommage pour Fougères; en 1610, demoiselle Louise Laporte; en 1638, Louis de Gesby; en 1674, Louis de Gelbert, chevalier, seigneur de Preaux et de Fougères; en 1723, Pierre Nadot. A peu de distance du château de Fougères, sont les habitations de Piou de Maron, de Vouillon, et de Greuille. Le château d'Auzant n'a jamais été habité.

Après cette première excursion, nous rentrons à Châteauroux où nous avons besoin de nous reposer. Ayant suffisamment parlé de son vieux et célèbre château, dans nos deux premières conférences, il n'y a plus à y revenir; mais profitons de ce repos pour dire quelques mots des châteaux modernes qui entourent notre ville. Je dois d'abord une mention aux demeures de Lalœuf et de Touvent, où j'ai eu l'honneur et le bonheur d'être souvent reçu. *Lalœuf* se recommande moins par une belle construction que par les souvenirs de notre illustre compatriote, le général Bertrand. « Lorsque nous visitâmes Lalœuf, cette retraite de l'ami du grand Napoléon, dit M. de La Tramblais, tout était encore rempli des souvenirs de Sainte-Hélène. Nous étions vivement ému en touchant une foule d'objets qui avaient été à l'usage de l'empereur, en caressant le chien qu'il avait caressé, en contemplant dans un magnifique portrait en pied, peint par Robert-Lefebvre, les traits de l'illustre captif, et surtout en voyant son lit de douleur, celui où il est mort et dans lequel a voulu mourir son fidèle Bertrand. Le même lit a reçu leur dernier soupir; la France a décidé qu'un même tombeau recouvrirait leurs cendres. Le site paisible de Lalœuf rappelle les vertus modestes de l'homme éminent qui se plaisait à y faire son séjour; mais aujourd'hui une teinte de tristesse profonde règne sous ses ombrages. Les allées sont veuves du maître chéri qui les a plantées, et les roses, dont prenait soin sa courageuse compagne, attendent en vain la main qui devait les cueillir. » Je suis allé depuis, de mon côté, visiter cette résidence où l'on ne trouve plus qu'un souvenir de notre bon général : c'est une très-grande malle où sont réunis tous les costumes qui furent à son usage pendant les diverses positions qu'il a occupées. Il y encore un souvenir de Sainte-Hélène, mais d'une autre nature, qui consiste en de nombreux saules-pleureurs, qui ont pour origine de petites branches du saule placé au bord d'une fontaine, et sous lequel Napoléon, pendant sa captivité, se plaisait à aller se reposer et méditer.

Touvent nous rappelle aussi la famille Bertrand. C'est une création de M. Bertrand-Boislarge, frère du général. Dans un sol modifié à grands frais, il a établi un parc, des jardins, un *paradis* où s'exhalent tour-à-tour, le parfum des fleurs les plus rares de tous les climats, où l'on rencontre des kiosques, des bosquets, et la *Montagne du dragon d'or*, charmant belvédère d'où la vue s'étend au loin sur les environs. M. Boislarge, de son vivant, a donné cette propriété à sa nièce, Mme Hortense Thayer. M. et Mme Thayer se sont plus à l'embellir. La maison à été complétée par deux pavillons bas. Les appartements ont été meublés avec un goût parfait. Dans une grande orangerie, on retrouve un autre souvenir de Sainte-Hélène : c'est une grande cage, surmontée de l'aigle impérial, que des ouvriers chinois construisirent pour l'offrir à l'empereur. Dans un rond point, au bout de la grande avenue, il faut visiter la *statue du général Bertrand* par Marochetti. Après la Révolution de 1848, la cérémonie de son inauguration eut lieu d'une manière toute spontanée, et cependant toutes les autorités et toute la ville s'y étaient rendues. M. et Mme Thayer ont fait depuis ériger près de l'orangerie une chapelle remarquable, et, au village de Scrouze, une charmante école pour les enfants de ce village. Les fêtes religieuses de Touvent ont eu un grand retentissement. Cette belle propriété a été donnée récemment à l'archevêché de Bourges.

Après ces détails, je me vois forcé à me borner à une simple énumération concernant le *château de la Lienne* commencé par le docteur Marchain et complété et embelli par son fils, qui y a joint une chapelle et une orangerie. Le parc a été habilement dessiné.

Le *château des Chapelles*, situé sur l'Angolin, affluent de l'Indre, et construit par le père de l'auteur des *Esquisses biographiques*, est habité aujourd'hui par M. Adam.

Je m'arrête un instant sur le *château de Diors*, au sujet duquel nos archives fournissent des titres datant du XIVe siècle. Nous trouvons que Hugues de Gransay, seigneur de Diors, rendait hommage et dénombrement. en 1390, à Guy II de Chauvigny, baron de Châteauroux ; en 1393, Pernelle de Grosbot, dame de Diors, rendait aussi aveu et dénombrement; en 1561, la vente de la terre et seigneurie de Diors est faite par Jean de La Roche-Aymon à Geoffroy Bertrand, seigneur du Lys Saint-Georges; en 1574, hommage est rendu à François de La Tour par Olivier Dumesnil, seigneur de Diors. Je ne donne que les anciens titres Je crois que M. Lucq, père du propriétaire actuel, avait acheté vers 1830, la terre de Diors à la famille de Beaurepaire.

Maintenant reprenons le cours de l'Indre. Le temps et notre but ne nous permettant pas de nous arrêter sur des habitations agréables ou importantes qui se trouvent sur ses bords, comme la belle maison de M. Masquelier, à Saint-Maur, celle de Parçay, le château de La Saura de M. de Saint-Cyran, celui des Cantins de M. Rollet, etc. Il faut arriver sur un affluent de l'Indre qu'on appelle la *Trégonce*, où nous rencontrons les anciens châteaux de Villegongis et de Villedieu. Je ne connais pas bien l'origine et les anciens possesseurs de Villegongis. On lit dans les *Esquisses pittoresques* que le château fut construit, il y a trois siècles, par Avoye de Chabannes, veuve de Jacques de Brisay et sœur de la baronne de Mézières-en-Brennes. D'autres personnes attribuent sa fondation à la famille de Menou Le château se montre comme l'un des monuments les plus remarquables que nous ait laissée l'époque brillante de la renaissance. Ses tours décorées de cordons, de pinacles, d'encadrements, ses fenêtres enjolivées de sculptures, se réfléchissent dans les eaux de la Trégonce ; une des cheminées surtout se fait distinguer à l'extérieur par une grande richesse d'ornementation : les colonnes, les corniches, les coquilles, les consoles, les pyramides s'y multiplient avec autant de goût que d'élégance. On croirait revoir Chambord. Depuis longtemps, la terre de Villegongis est en la possession de la branche aînée de la famille de Barbançois. On raconte que le marquis de Barbançois, père du sénateur, qui, aux élections pour les états-généraux, avait donné quelque gage aux idées nouvelles, avait témoigné à Henri Devaux, membre de la commune de Châteauroux chargé de faire démolir les signes de la féodalité, le regret de voir détruire les belles tours de son château. Devaux lui répondit : « Prenez des ouvriers, payez-les bien et faites les boire ; ils n'iront pas vite en besogne ; ce régime ne peut durer longtemps. » Le conseil lui réussit.

L'histoire du *château de Villedieu* est plus connue. Un prieuré existait avant sa construction. En 1287, le seigneur de Villedieu, Philippe de Chauvigny, fils d'Eudes, seigneur de Levroux, s'étant épris d'une violente passion pour Isabelle de Bomiers, fiancée de Robert de Signy, qui était sous la garde de Pierre Bochenoir, son oncle, se fit accompagner de six hommes d'armes, tous déterminés à servir leur maître ; puis il enleva Isabelle et la renferma dans son château de Villedieu. Robert de Signy étant au loin, ce fut Bochenoir qui porta plainte au parlement. Le ravisseur fut mis en prison. Les gens du roi ordonnèrent que sa maison serait rasée jusqu'aux fondements, qu'il paierait au roi 1,000 livres d'amendes, 200 à Bochenoir ; que la demoiselle serait mise en liberté, et que Philippe ne sortirait de prison que lorsqu'il aurait fourni des garants pour le payement des amendes. La propriété rentra dans la principauté Déoloise et fut rebâtie. En 1502, elle tomba en héritage dans la maison d'Aumont ; elle passa ensuite dans celle de Gaucourt. Par des actes antérieurs à 1765, elle appartenait à la famille Dumouchet. Elle fut vendue ensuite à Jacques d'Aigurande de Poligny et à Mathurine de Vassé, sa femme. En 1792, elle passa aux mains de Guilloteau, comte de Grandeffe ; en 1812, à Pierre Andriel ; en 1818, à MM. Mendibourg et Nully d'Hécourt ; peu après au duc de Bervick et d'Albe, grand d'Espagne ; en 1823, à M. John Lewis Brown ; enfin en 1843, à la famille Masson. M. Masson de Montalivet en est aujourd'hui propriétaire. La propriété contient 4,500 hectares. Après celles de Valençay et de Lancosme, c'est la plus grande du département de l'Indre. Le château est composé de deux parties distinctes. La partie ancienne, donnant sur la route de Châteauroux à Buzançais, se fait remarquer par deux grosses tours réunies par un corps de bâtiment. La partie récente, regardant le parc, est due à M. Brown ; elle est d'une architecture élégante, de style moderne. L'addition faite par M. Brown a servi à constituer, au rez-de chaussée, un vaste vestibule, et au premier étage une grande galerie, terminée d'un côté par un salon, et de l'autre côté par une salle de billard. Le parc est magnifique et arrosé par deux bras de la Trégonce. L'ancien prieuré, réparé, augmenté et mis en bon état, forme les communs du château. Sur le pignon d'un de ses corps de bâtiments, on reconnaît encore assez nettement une sculpture représentant un chapeau avec des glands qui était la distinction d'un des prieurs.

Si nous continuons à descendre le cours de l'Indre, nous apercevons, sur la rive gauche, le joli château de Chamousseaux. J'ignore son origine. Une partie de la terre appartenait à la famille de Maussabré avant la révolution ; sous le premier empire, M. Thabaut-Boislareine la reconstitua, et la vendit sous la restauration à M. Henri Patureau ; elle est restée dans cette famille Près de là est un castel, aujourd'hui en reconstruction ; on l'appelle le *Puy* · son propriétaire est M. Delimay. Plus loin, sur la rive opposée, on remarque le *château de La Bruère*. La propriété est passée de notre temps à la famille La Rochefoucault, à celle de Marbel, puis à M. Guérin qui en a embelli la demeure ; elle est aujourd'hui à son fils aîné. Dans les terres, à droite de l'Indre, on aperçoit le *château de La Brosse ;* après la famille Bonneau, il a été acquis par la famille Lejeune.

Nous arrivons à *Buzançais* qui avait aussi son château. Il a appartenu longtemps à la famille de Beauvillier. Le duc de Saint-Aignan, pair de France, le dernier de cette famille, l'habitait ; après lui, il a été vendu à la ville qui en fait une mairie, une caserne de gendarmerie et une école.

Mais c'est à Palluau et au château de l'île Savary que nous devons nous arrêter.

« Lorsqu'on est parvenu péniblement à la ville de Palluau, dit M. de La Tramblais, dans ses *Esquisses pittoresques*, et que, arrivé au pied du château, on en considère la façade extérieure, on ne se douterait pas que le goût a pu pénétrer dans ce manoir de si triste apparence. Cependant, si vous montez l'escalier qui conduit jusqu'à la cour intérieure, vous serez frappé de la délicatesse des ornements que l'on a prodigués sur l'ogive de cette porte gracieuse qui donne entrée à la petite tour hexagone appliquée au bâtiment principal. Les guirlandes, chargées de raisins et travaillées à jour avec art, ont été mutilées parce qu'on a cru y voir des emblèmes féodaux. Cette jolie porte fait le principal ornement architectural du château. Il faut voir encore la chapelle dont les voûtes et les murs sont couverts de charmantes peintures représentant l'histoire de la Vierge. La partie la plus ancienne du Château est une vieille tour ronde, sur la plate-forme de laquelle Philippe-Auguste planta la bannière de la France, lorsque, en 1188, il eut emporté d'assaut Palluau sur les anglais qui l'occupaient. De cette plate-forme, on jouit d'une vue magnifique. Vers la gauche, les montagnes de Saint-Vaulry, distantes de 28 lieues, apparaissent comme des nuages lointains, et vis-à-vis, à l'horison, le château du Bouchet, dont les seigneurs correspondaient, dit-on, avec ceux de Palluau, au moyen de torches allumées. Les seigneurs de Palluau, maîtres de Montrésor et de plusieurs autres places, prirent souvent part aux guerres dont notre pays fut le théâtre. Plusieurs se distinguèrent aux Croisades. A la fin du XVe siècle, Palluau fut possédé par les Tranchelyon. Un des membres de cette famille, dont Rabelais a dit que c'était un bon buveur, fut abbé de Saint-Genou. En 1655, Henri Buade, comte de Frontenac, fut propriétaire de la terre de Palluau : c'est à lui que l'on doit les curieuses boiseries qui ornent le chœur de l'église. Son chiffre H F s'y trouve plusieurs fois répété. Il avait pour armes trois pattes de lion.

Sur la place du bourg de Clion, une longue avenue s'offre à vos regards ; elle appartient au château de l'*Ile-Savary*. Les marronniers qui la forment épanouissent au printemps leurs thyrses blancs, et semblent gardés, aux deux extrémités, par deux plus magnifiques arbres de même nature, mais ornés d'une masse de fleurs roses. Ce n'est qu'en arrivant à la grille du château qu'on commence à se faire une idée de cette immense construction. A gauche, le donjon, dont la base est plongée dans le fossé, s'élève majestueusement dans les airs ; à droite, un double pavillon sort également des fossés ; et, au milieu, se montre la cour d'honneur où l'on descend de voiture. On ne peut, de primeabord, apprécier l'importance de ce vieux manoir. Il faut le regarder sur toutes ses faces ; il faut même le considérer à distance, car, semblable à ce que le spirituel Sainte-Beuve disait de Mirabeau, « *ce n'est pas de près qu'on peut juger ces colosses.* » Il faut, enfin, le parcourir dans tous ses détails. C'est ainsi qu'il est possible de concevoir quelles étaient les immenses ressources de cette puissance féodale, et quel était aussi son art architectural.

Bien avant la construction du château actuel, la propriété appartenait à la famille Savary, à laquelle ce château doit son nom (1). Cette famille la possédait au commencement du XIIIe siècle. En 1281, Jean Savary la vendit à Jeanne, dame de Mézières et de Roche-Corbon. Alix de Brabant, petite-fille de Jeanne de Mézières, l'apporta en mariage, en 1302, à Jean III, sire d'Harcourt. Jean VII, sire d'Harcourt, descendant de cette famille, transporta à Charles d'Anjou, comte du Maine, en 1445, entre autres propriétés, la châtellenie de l'Ile-Savary, en échange de La Ferté-Bernard. L'importance de la terre de l'Ile-Savary fut grandement

(1) Le mot *Ile* vient sans doute de ce que l'Indre, en baignant les fossés du château, constituait une sorte d'île.

accrue, sous la domination des seigneurs de Mézières, par l'adjonction des quatre prévôtés ou hautes justices de Clion, de Murs, du Tranger et de Fléré-la-Rivière. Cinq paroisses se trouvaient soumises à la juridiction du seigneur de l'Ile-Savary, car celle de Saint-Cyran-du-Jambot se trouvait comprise dans la prévôté de Fléré. Les habitants étaient assujétis à faire le guet au château de l'ile en temps de guerre.

Le comte du Maine ne resta pas longtemps possesseur de la seigneurie de l'Ile, qu'il vendit, en 1156, à Jean Le Meingre, dit de Boucicault, neveu du dernier maréchal de ce nom. Boucicault, à son tour, vendit l'Ile-Savary, en 1464, à Guillaume de Varie, premier facteur de Jacques Cœur. Le prix fut de 40,000 écus d'or. L'acquéreur nouveau fit raser l'ancien château, et construisit, sur le même emplacement, celui qui existe aujourd'hui.

Parmi les facteurs de Jacques Cœur, les de Village, les Robert, les Thierry, etc., Guillaume de Varie tenait le premier rang. Ces hommes actifs et habiles secondaient le *grand argentier* dans toutes ses entreprises. On peut juger de leur puissance, bien qu'en deuxième ligne, si l'on considère que leur chef faisait à lui seul plus d'affaires que l'ensemble des plus célèbres commerçants de l'Italie. La Méditerranée était sillonnée des galères de Jacques Cœur; ses agents étaient répandus dans tout le Levant. Il se conciliait, par des présents, d'adroites concessions, et, par la bonne foi dont il donnait l'exemple, la faveur de tous les princes qui se disputaient cette partie du monde. Il possédait une quantité d'immenses terres et de châteaux, soit en Berry, soit dans les provinces voisines. Il est nécessaire de se rappeller cette puissance pour concevoir celle de ceux qu'il associait à ses affaires.

Guillaume de Varie mourut en 1470, sans avoir achevé son œuvre que compléta Charlotte de Bar, sa veuve, remariée à Pierre d'Oriolle, général des finances, et, bientôt après, chancelier de France. La branche aînée des de Varie étant tombée en quenouille, un partage de l'Ile-Savary eut lieu en 1594, entre Denise et Charlotte de Varie, filles et héritières de Jean. Denise eut le château et les prévôtés de Clion et de Murs. Elle épousa Paul Couhé de Lusignan, seigneur de La Roche-Agnet, dont elle eut un fils, Louis de Couhé, qui vendit l'Ile, en 1624, à Roger de Buade, abbé d'Obasine. Louis de Buade, comte de Frontenac et de Palluau, vice-roi du Canada, neveu de Roger, mourut sans enfants, et la terre de l'île passa, à titre de donation, à Madeleine Blondel d'Outrelaize, qui en fit vente ou donation, en 1706, à Jacques-Louis de Beringhen, premier écuyer du roi et chevalier de ses ordres. La fille de ce dernier apporta l'île à son mari, Hubert de Courtarvel, marquis de Pezé, dont elle eut une fille, marquise de Mézières, dame de l'île, mariée, en 1723, au marquis de Vassé. La fille de celui-ci, mariée en secondes noces, au marquis de Jouffroy, a eu un fils, mort sans postérité, qui laissa la terre de l'Ile-Savary au comte de Jouffroy, son parent éloigné.

Tels sont les renseignements qu'a bien voulu me fournir mon excellent et savant parent et ami, M. le comte de Maussabré, dont tout le monde connaît la prééminence en fait de science généalogique.

La terre de l'Ile-Savary a été acquise, en 1852, par M. Théodore Patureau. Elle se composait de 1,600 hectares, dont 400 de prés le long de l'Indre, 16 domaines et 2 moulins (1).

Le château de Guillaume de Varie a aujourd'hui 400 ans d'existence : construit en pierres de taille, toutes de même dimension, aucune n'a bougé. L'enduit qui les réunit est resté plus dur que les pierres elles-mêmes. Le donjon, qui est isolé, est quadrangulaire ; sa grande élévation était un indice de la puissance de son seigneur ; les tours ont la même forme. L'aspect du château, du côté de la prairie, est colossal ; du côté de la cour d'honneur, il est rétréci. La réparation, faite du temps du comte de Jouffroy, a été loin d'être heureuse : deux jolis escaliers, contenus dans d'élégantes tourelles, et conduisant à la chapelle et aux appartements, ont été malheureusement supprimés et remplacés par une grande carcasse d'escalier ; les fenêtres elles-mêmes ont perdu le caractère de l'époque primitive.

M. Théodore Patureau ne s'est pas aventuré dans la réparation du château, qui se présente toujours avec ses machicoulis et ses meurtrières. Il a conservé un pont-levis du temps qui sert d'entrée au parc. A l'inté-

(1) 200 hectares en ont été distraits pour doter l'hospice que M. Théodore Patureau vient de fonder à Clion.

rieur, où tout est simple, il n'y a à remarquer que quelques tableaux, restes de la vente de la précieuse galerie qu'il avait formée à Bruxelles, avec un goût parfait, et dont il s'est défait à Paris en 1855. Mais les instincts artistiques de notre ami se sont montrés dans les accessoires du château. Le parc a été dessiné d'une manière charmante. Les points de vue sur la tour de Châtillon, sur le château de Paray, sur le bourg du Tranger, sur le pavillon de La Crosse où est la vigne, sur les moulins, ont été ménagés avec un tact infini. Le moulin, près du château, réparé selon l'art gothique, la rivière détournée formant une nappe cristalline devant les fenêtres, une cascade murmurante, constituent un ensemble délicieux, auquel il faut joindre la reconstruction des communs, le pavillon du concierge et l'établissement d'une belle grille, précédée d'une nouvelle place demi-circulaire.

Les châteaux de Paray et de La Mardelle, le premier à M. de Wissel, le second à M. Pocquet, sont dans le voisinage.

Il faut s'arrêter dans la petite ville de *Châtillon*. Une tour la domine et se fait apercevoir au loin. C'est tout ce qui reste de l'ancien château qui fut construit vers le XIe siècle, et qui faisait de cette localité une place assez importante. On pénétrait dans l'intérieur par une porte étroite, à pont-levis, ouverte au premier étage. Une haute muraille formait comme une seconde tour concentrique à la première, en lui faisant une sorte d'enveloppe, à laquelle se rattachaient les murs d'enceinte du château, que défendaient encore des fossés profonds.

Durant la guerre acharnée que Philippe Auguste eut à soutenir contre les rois d'Angleterre, Châtillon tomba tour-à-tour au pouvoir de chacun d'eux, et c'est sans doute de cette époque que date la ruine de sa forteresse.

Le château actuel est beaucoup plus moderne et n'a rien de remarquable. La terre de Châtillon avait été donnée en apanage, comme douaire à Jeanne de France, lorsque, en 1498, cette princesse fut répudiée par Louis XII, sans égard pour ses hautes vertus. Elle n'y fit qu'un séjour momentané. Suivant la tradition, elle se rendait à l'église par un passage particulier qui communiquait du château à la porte latérale, maintenant fermée, que l'on voit du côté de la descente du Chapitre.

Aussitôt après la mort de Jeanne, en 1505, les armes de Louis XII furent placées à *son chastel de Chastillon et dépendances*, et l'on voit encore sur la pierre d'une cheminée, au château de La Mardelle, ces armes et celles d'Anne de Bretagne, ainsi que leurs chiffres sculptés, peints et rechaussés d'or.

Après Châtillon, la rivière d'Indre entre dans la Touraine où nous n'avons plus à la suivre.

Parcourons actuellement les *bords de la Bouzanne :*

A l'origine de cette rivière se trouve Aigurande l'*Igorandis Biturigum*. Le château qui y existait autrefois n'a jamais joué qu'un rôle secondaire; dès le XVIIe siècle il n'offrait plus que des ruines. Cette châtellenie fut vendue, en 1470, par Guy III de Chauvigny, à Jeanne Corrandon, femme de Jean du Puy, seigneur de Vatan et de Barmont. Elle rentra plus tard dans le patrimoine de Chauvigny.

La *forteresse seigneuriale de Cluis* reflète ses tours démantelées dans les eaux limpides de la Bouzanne. Ce qui subsiste encore de ses remparts atteste quelle dut être autrefois son importance. Le château construit sur le sommet d'un mamelon aux flancs abrupts, qui se détache du plateau où s'élève la petite ville de Cluis et s'avance vers la rivière, était déjà, par sa seule position, d'une approche difficile. La main de l'homme, venant en aide à la nature, en avait fait un séjour presque inexpugnable. La châtellenie de Cluis appartenait, dans l'origine, à des seigneurs auxquels elle avait donné son nom. Elle passa successivement dans plusieurs maisons, et finit par demeurer dans celle des Gaucourt, famille originaire de la Picardie qui s'était fixée au Berry. Jeanne de Preuilly, en épousant Raoul de Gaucourt, grand-maître de France, apporta à son mari la terre de Cluis, dont elle avait hérité de Jeanne de Naillac, sa mère, sœur du dernier des Naillac mort en 1439, sans laisser d'enfants. Mais ni Raoul, ni Charles, ses fils, ne prirent le titre de seigneurs de Cluis. Le premier qui le porta fut Charles II du nom, né vers 1455, capitaine de la maison de Louis XI, bailli de Berry et qui avait été *enfant d'honneur du roi*. Charles dut cette faveur à l'affection particulière que Louis XI portait à son père, en reconnaissance des bons services que ce seigneur lui avait rendus en différentes occasions.

Le château du Lys Saint-Georges, *oblicum Sancti*

Georgii, est situé sur le Gourdon qui est un affluent de la Bouzanne. Parmi les résidences féodales, ce château est un des plus remarquables. De profonds ravins n'en permettent l'approche que d'un seul côté. Du haut de la plate forme où il a été construit, on découvre un immense horizon qui embrasse une partie de l'arrondissement de Châteauroux et la presque totalité de celui de La Châtre. Ses tours, d'une forme irrégulière et voisines les unes des autres, sont aujourd'hui délabrées et couvertes de lierres. D'épaisses murailles, des fossés en partie pleins d'eau venaient s'ajouter aux avantages de la position et concouraient à faire du Lys Saint-Georges une place importante. Aussi les Anglais y placèrent-ils une forte garnison pendant leur occupation du pays. La forteresse était pourvue d'un puits profond, comme dans toutes celles pouvant être exposées à soutenir un siége.

Le droit de châtellenie et de justice haute, moyenne et basse, fut concédé au seigneur du Lys Saint-Georges dans l'étendue de la seigneurie, par donation d'André III de Chauvigny, du 31 juillet 1502. Aux droits de justice s'ajoutèrent ceux de justice patibulaire, de prévôté, d'assises, de scel aux contrats et autres appartenant à cet ordre de seigneurie, le plus élevé dans la hiérarchie féodale après les baronnies.

Au portail du château on voyait les armes de Bertrand et celles de Navarre. L'écusson de Gilbert de Bertrand était accompagné de deux bâtons, insignes du maréchalat. La devise de Bertrand était : *potius mori quam fœdari*.

Le château du Lys Saint-Georges se trouve mentionné au nombre de ceux qui appartenaient au célèbre Jacques Cœur ; c'est dans la suite qu'on le voit passer dans la maison des Bertrand. La Thaumassière donne une longue généalogie de la famille Bertrand. Le plus ancien des Bertrand venu à sa connaissance était Charles Bertrand, sieur de Boneix, de la Matha, du Chassin, de Serre et de Vichy. Il énumère les descendants divisés en branches de Beaumont, de Beuvron, de Paillière, de Coudière et du Lys Saint-Georges. Dans la branche du Lys Saint-Georges, Josseau Bertrand épousa Antoinette de Crevant, et fut le père de Gilbert Bertrand (1).

(1) Voir La Thaumassière, Raynal, Jean d'Authon, Guichar-

Nous devons nous arrêter sur *Gilbert Bertrand*, car c'est de lui et de son époque que date la partie historique la plus curieuse du château du Lys Saint-Georges. En 1499, Louis XII avait attaqué Ludovic Sforce, duc de Milan (dit le more à cause de son teint basané), qui avait trahi les Français en formant la ligue de Venise. Trahi, à son tour, par les Suisses qu'il avait à sa solde, Sforce fut livré, le 10 août 1500, au duc de Luxembourg, sous le déguisement qu'il avait pris pour s'échapper. « Les cheveux tressés sous une coiffe, une gorgerette autour du cou, avec un pourpoint cramoisi, il fut conduit, dit Jean d'Authon, à La Trémouille qui le reçut bien. Le comte de Ligny l'emmena ensuite dans le château de Navarre et le confia à la garde du chevalier de Louvain. Bientôt après, il fut conduit à Suze, en Savoie, par le même comte de Ligny, et remis à Jacques de Crussol, grand pannetier de France, qui, avec deux cents archers de la garde et deux cents gentilshommes, le conduisirent à Lyon et le déposèrent au château de Pierre-Encise. En traversant cette ville, écrit Montfalcon, il avait une robe de camelot noir à la mode de Lombardie, et il était monté sur un petit mulet. Il y avait une grande foule dans les rues où il passa.

On le laissa pendant quinze jours au château de Pierre-Encise ; puis, après une halte de repos dans la grosse tour de Bourges, il fut transféré au château du Lys Saint-Georges et confié à la garde de Gilbert Bertrand. Il demeura prisonnier dans cette forteresse durant cinq années. Bertrand ne rendit pas sa captivité trop rigoureuse, car, au rapport de Chalmel, il avait la liberté de sortir du château accompagné de quelques gardes. Au bout de cinq années, il obtint d'être conduit à Loches, dans le voisinage de son neveu, François Sforce, qui était abbé de Marmontiers. Il y mourut en 1500 et fut inhumé dans l'église du château.

M. le comte de Maussabré nous a fait connaître la famille de Gilbert Bertrand à laquelle il appartient. Gilbert servait en qualité d'hommes d'armes dans la compagnie d'ordonnances commandée par le duc d'Or-

din, Humbert de Vellay, Meseray, Daniel, Moréri, Chalmel, de Montfalcon (hist. de Lyon), Léon Mauduit (*Écho de l'Indre* juin 1873) et M. le comte de Maussabré (réponse à M. Mauduit).

léans ; il était à Verceil et à Ast lors de notre première expédition en Italie. Il fut pourvu par le roi de la charge de bailli et gouverneur de la province du Berry, de conseiller et chambellan ordinaire du roi Louis XII. Ce fut lui qui fit bâtir la grosse tour du Lys Saint-Georges.

La terre du Lys Saint-Georges est restée dans la maison des Bertrand jusqu'en 1737. A cette époque, cette famille se transporta en Espagne, nous ne savons par quel motif, et la propriété fut vendue à Dubreuil-Dubost de Gargilesse.

Parmi les descendants actuels de ses anciens possesseurs, il faut citer don Manuel Bertrand de Lys, membre de la Chambre des députés d'Espagne en 1843 et 1847, directeur général du Trésor, ministre de la marine en cette même année 1847, puis ministre des finances, et ministre d'Etat en 1852. Il est père d'une nombreuse et florissante famille. M. de Maussabré a reçu communication d'une lettre adressée par lui au comte Bertrand de Beuvron, leur parent commun, par laquelle il témoigne que la famille n'a point oublié son origine berruyère et qu'elle reste fidèle à la devise et aux armes des Bertrand du Lys Saint-Georges.

Sur un autre affluent de la Bouzanne, appelé le *Creuzençais*, nous trouvons le *château de Bouesse*. Quand on arrive d'Argenton à Bouesse, le plateau que l'on suit, et qui se montre presque stérile, offre tout-à-coup une vallée fertile ; cette vallée est celle du Creuzençais. Les héritages, séparés par des haies, couverts d'arbres et de verdure, annoncent combien le terrain est devenu précieux et l'intérêt qu'on met à lui donner tous les soins possibles.

La châtellenie de Bouesse faisait partie des possessions de la famille de Gaucourt depuis le XVe siècle. Nous trouvons dans l'*Inventaire des titres du duché-pairie de Châteauroux* que, en 1461, un hommage fut rendu au seigneur abbé de Saint-Gildas par Charles de Gaucourt, chevalier, seigneur de Châteaubrun et de Bouesse, pour raison des fief et seigneurie de Bouesse, appartenances et dépendances, mouvant dudit seigneur abbé, à cause de sa crosse et table abbatiale, que aveu et dénombrement sont fournis, en 1519 et 1538, par le même Charles de Gaucourt au même abbé de Saint-Gildas.

En 1540, le dénombrement est fourni au bailli de Berry, par Jean Fabre, écuyer, en raison de son fief et chevance de Villevandour, pour lui faire la foi et hommage de messire Charles de Gaucourt, à cause de sa justice et seigneurie de Bouesse.

En 1631, c'est à S. A. S. Mgr le prince Henri II de Condé, premier duc de Châteauroux, que foi et hommage sont rendus par Joseph de Gaucourt, pour la terre et seigneurie de Bouesse et dépendances.

Enfin, à la date de 1647, existe, dans le même recueil, un hommage rendu à S. A. S. Louis II de Bourbon (le grand Condé, deuxième duc de Châteauroux) à cause de son duché-pairie de Châteauroux et de l'abbaye de Saint-Gildas (qui y avait été réunie), par Charles de Gaucourt, héritier bénéficiaire de feu son père, pour raison de la Seigneurie de Bouesse et dépendances.

Le nom de Gaucourt ayant fini par s'éteindre par défaut d'enfants mâles, la propriété de Bouesse passa par les femmes à la famille de Lestranges. Une demoiselle de Lestranges épousa, pendant la Révolution de 1789, M. Poisle-Frulon. Ce sont les enfants de ce dernier qui ont vendu Bouesse à M. Thimel.

Le chateau de Bouesse consiste en un grand donjon situé sur la droite et un corps de bâtiment flanqué d'une tour au milieu. Dans le château on remarque des écussons armoiriés : ce sont ceux des Gaucourt et des Lestranges. Ce château et les écussons sont représentés à la page 114 des *Esquisses pittoresques*.

Nous n'avons qu'un mot à dire sur *Bussières-d'Aillac*, qui est situé sur l'Auzon, autre affluent de la Bouzanne, et sur la route départementale de Châteauroux à Aigurande ; cette route contourne même la terrasse du château, lequel ne parait rien offrir de remarquable. Voici ce que nous avons trouvé sur son historique : En 1392, Geoffroy de Sully, seigneur de Beaujeu, possédait la terre de Bussières-d'Aillac ; en 1437 et 1447, on y trouve Jacques de Thianges, seigneur du Crevzot ; en 1539, elle appartenait à Marguerite de Bressolles, veuve de François Bertrand, seigneur du Lys Saint-Georges ; en 1602, aux enfants de Jean La Marche ; en 1612, à Jean-Jacques Leroy. Elle est passée en 1849 aux mains de la famille Rolneau de Saint-Georges qui la possède encore aujourd'hui.

Nous revenons sur la Bouzanne elle-même où nous trouvons à mentionner jusqu'à Arthon, Jeu-les-Bois, Villeneuve, Puymoreau et Corbilly.

On trouve à Jeu-les-Bois les vestiges d'un vieux château dont l'histoire nous est inconnue. Mais nous devons dire que les *Titres du duché-pairie de Châteauroux* fournissent des actes au sujet des fiefs de cette paroisse de Jeu : c'est ainsi que, en 1376, Girard de Ventadour fait hommage et donne dénombrement au baron de Châteauroux, par raison du lieu, seigneurie, justice haute, moyenne et basse du village d'Aubeterre et de Lanno, dans la paroisse de Jeu ; que, en 1465, hommage est rendu par Jacques Aymouin, écuyer, seigneur de Luant, et Jacques de Mareuil, aussi écuyer, pour partie de la Seigneurie de La Feuge, située en la paroisse de Jeu ; que, en 1632, acte de souffrance est accordé, par S. A. S. le prince Henri II de Condé, aux enfants de Denis Richard, conseiller en l'élection de Châteauroux, et de défunte Marie Crublier, sa femme, jusqu'à ce qu'ils aient atteints l'âge pour rendre foi et hommage à raison du fief de Colombier et dépendances, paroisse de Jeu ; que, en 1648, hommage est rendu à S. A. S. par Girard, pour raison de son fief de Vasson ; que, en 1682, hommage est rendu à S. A. S. par Pierre Girard, écuyer, seigneur de Vasson, à cause d'Anne de Mareuil, sa femme, pour raison des fief et seigneurie de La Notte, paroisse de Jeu, etc. La terre de Jeu a été possédée par MM. Simons et Péroncel, qui l'avaient achetée de M. Girard de Vasson, ex-capitaine de vaisseau, qui, lui-même, l'avait eue d'un de ses parents nommé du Vivier. Elle appartient aujourd'hui à M. Alexandre Simons.

La Villeneuve est une ancienne propriété de la famille Crublier, où, par les soins de M. Delouche-Pémoret, une jolie maison a été arrangée. Elle appartient actuellement à M. Dubois, président du tribunal civil de Châteauroux.

Puymoreau est un vieux château en ruines au sujet duquel nous ne trouvons dans les actes du duché-pairie de Châteauroux que la mention suivante : en 1632, hommage est rendu à S. A. S Henri II de Condé, par Jean Crublier, seigneur de Puymoreau, pour raison du fief, seigneurie de Lavaux, paroisse de Jeu. La propriété appartient à MM. Rand et Guyet du département de la Vendée.

Corbilly est une jolie habitation moderne, bâtie par M. Desjobert ; elle appartient maintenant à son fils, M. Léopold Desjobert.

A Arthon ou près d'Arthon, nous rencontrons le castel de ce nom, le château de Beauregard, le vieux château de Courcenay. les restes de celui de Boisay, et le vieux château de Chandaire.

La *seigneurie d'Arthon* avait pour local un petit manoir qui appartient aujourd'hui à M. Raoul Charlemagne, qui l'a fait réparer. De 1529 à 1554, on y trouve comme seigneur Mery de Varennes.

Le *château de Beauregard* est considérable et assez ancien. Il est au-delà de la forêt de Châteauroux à laquelle il touche. Il est formé d'un corps de bâtiment et de deux ailes qui renferment une grande cour. Le corps de bâtiment offre trois tours : celle du milieu contient l'escalier ; deux autres tours terminent les ailes. Les appartements sont grands et meublés simplement. Ils s'ouvrent au nord et au midi La vue du château, du côté de la cour, est très-belle et donne sur la Bouzanne qui passe au bas du jardin. Dans une petite île. sur le bord de la rivière, on remarque un platane magnifique et d'une grosseur prodigieuse.

M. le général et Mme la marquise de Montaigu habitent ce château pendant la belle saison. La famille de Montaigu est ancienne. Le grand-père du général de Montaigu possédait la terre de la Chaise-Dieu, près Lyon. Son fils aîné a épousé Mlle de Boisay, qui lui a apporté le château de Beauregard. De ce mariage est née une fille unique qui s'est mariée avec son cousin, qui a été colonel des guides sous le dernier empire et qui est aujourd'hui général. Il serait curieux de connaître l'histoire complète du château de Beauregard.

Près de Beauregard est le *vieux château de Courcenay*. Sur la route tracée dans les bois, se trouve en contrebas une grosse tour entourée d'énormes lierres. Une jolie porte, dont l'écusson est effacé, y donne accès. L'étage supérieur de la tour offre des arêtes. La charpente de cette tour est curieuse. La construction offre les caractères du xve siècle. La terre de Courcenay fait partie de la celle de Beauregard. Le régisseur y demeure. Les *Esquisses pittoresques* donnent les vues des châteaux de Beauregard et de Courcenay.

A peu de distance de Courcenay est *Boisay*, qui appartient au comte de Boisay de La Rocherolle. On y remarque une vieille tour, avec un toit dont le pignon était orné de crochets. Les cheminées offraient des écussons depuis longtemps effacés. Cette ancienne demeure nobilière est abandonnée aux métayers.

Nous n'avons pas visité le vieux *château de Chandaire*.

De Velles à l'embouchure de la Bouzanne dans la Creuse, on rencontre une série de châteaux ou d'habitations remarquables : Vauzelles, le Plessis, le Breuil, Prunget, les Sallerons, Mazières, la Broutet, la Rocherolle, Chabenet, un autre Broutet, les deux Cluseau et les ruines du château de Saulier. Leur étude fera l'objet de la dernière partie de cette conférence.

Vauzelles était une ancienne seigneurie qui fut portée dans les maisons de Chamborant par le mariage, en 1350, de Marguerite de Forge avec Pierre de Chamborant. L'habitation consiste en un grand corps de bâtiment qui n'offre rien de remarquable. Après 1830, une colonie de Saint-Simoniens s'y était établie ; un de leurs chefs, le père Bouffard y a son tombeau. La propropriété appartient depuis assez longtemps à la famille Petit.

Le *château du Plessis* est de l'autre côté de la Bouzanne; il est ancien et offre quelques tours. Nous regrettons de ne pas connaître son histoire. La propriété qui est un démembrement de la terre de Beauregard, a été achetée par M. Marin-Darbel ; elle est aujourd'hui en la possession de M. Charles Balsan qui s'occupe de la mettre en valeur ; elle n'a pas moins de 1,200 hectares.

Le Breuil est une jolie maison de campagne, assez loin de la rive droite de la Bouzanne. Elle appartenait au baron Perrot d'Argenton ; les héritiers ont vendu la propriété à des cultivateurs.

Tout à fait sur les bords de la Bouzanne que l'on passe à gué, on rencontre le joli *château du Broutet*. Rien n'est plus pittoresque que sa situation ; ses jardins en amphythéâtre descendent jusqu'aux bords de la rivière. L'habitation est garnie d'élégants meubles anciens et l'on y remarque de curieuses tapisseries qui représentent des scènes de la Jérusalem délivrée. Cette propriété qui était dans la famille Patureau est passée à la famille Duplessis, puis à M. Rue, ancien notaire.

Nous arrivons à *Prunget* dont le *magnifique donjon*, se fait apercevoir de loin. C'est un des plus remarquables du Bas-Berry. Aussi entrerons-nous à son sujet dans quelques détails que nous puisons dans les *Esquisses pittoresques*. « La plus ancienne mention de Prunget que nous ayons rencontrée, dit M. de La Tramblais, est contenue dans une petite charte latine, en parchemin; c'est la donation que fit, le 30 septembre 1231, Hugues de Naillac, seigneur de Gargilesse, à messire Guillaume Ier de Chauvigny, seigneur de Châteauroux, du château de Prunget et de ses dépendances. Cette châtellenie ne tarda pas à passer dans les mains des seigneurs d'Argy, de la maison de Brillac. Nous trouvons que le jeudi après la fête de Saint-André 1366, messire *Guyart de Brilhac*, écuyer, fournit dénombrement à messire Guy II de Chauvigny, baron de Châteauroux, pour raison du château et châtellenie de Prunget, justice haute, moyenne et basse et ses dépendances, et que pareil dénombrement fut renouvelé le 22 juillet 1404. Guy de Brillac comparaît encore, comme seigneur d'Argy et de Prunget, dans une sentence du 25 janvier 1407. Mais la pièce la plus importante pour établir l'antiquité de la possession simultanée de Prunget et d'Argy par les mêmes seigneurs est une donation, de l'an 1288, faite en faveur du prieuré de Longefont. »

Le château de Prunget n'offre aujourd'hui que des ruines. Le donjon seul est encore debout. Naguère, il était délabré et envahi par les ronces ; mais depuis quelques années, le propriétaire, M. le comte de Boisé, l'a réparé et recouvert pour en faire un magasin à blé. Ce donjon est quadrangulaire et présente quatorze mètres sur onze. Ses hautes murailles se terminent par des machicoulis et une sorte de guérite encorbellée qui surmonte chacun de ses angles. Il est formé d'une puissante masse de pierres de taille qui est flanquée de supports. Dans son intérieur, on peut compter sept étages par les traces que les voûtes y ont laissées. Presque aucun rayon de soleil ne pénétrait dans cette immense construction.

Les autres parties du château occupaient l'espace compris entre le donjon et le haut de l'escarpement qui regarde la Bouzanne. Les ruines de Prunget, vues de la prairie, se présentent d'une manière pittoresque, et du haut de ces ruines on jouit d'un délicieux paysage. En face de vous et presque à vos pieds, la Bouzanne forme une multitude d'îles entre lesquelles l'eau s'échappe en cascades brillantes. Plus bas, vers la droite, après un groupe de chênes touffus, le pont de Tendu se projette en travers de la vallée, et les tours de La Rocherolle se détachent au fond sur un lointain bleuâtre.

Tout auprès de Prunget est le *petit château des Sallerons*, dans un site charmant qui domine la Bouzanne. Une tour qui a été ajoutée sur le devant de cette construction donne à celle-ci un aspect tout à fait élégant.

Bâti par M. Mars, ancien notaire à Châteauroux, cette habitation a été embellie par son nouveau propriétaire M. de Lagrave.

« Au-delà des bois qui couvrent Prunget vers l'Orient et que contourne la Bouzanne dans un long circuit, dit encore M. de La Tramblais, s'élève la haute *tour de Mazières* dont la construction remonte à la même époque. Ces deux donjons rivaux, trop voisins pour que leurs possesseurs pussent vivre toujours en paix, furent maintes fois, tour à tour, exposés à l'attaque d'ennemis implacables. La tradition du pays a gardé le souvenir de ces guerres de féodalité, et l'on raconte que l'un des deux seigneurs parvint un jour à surprendre son voisin et le retint prisonnier jusqu'à ce qu'il l'eût fait souscrire aux conditions qu'il lui imposait. »

« On trouve dans le chartrier de Châteauroux que la seigneurie de Mazières était possédée, à la fin du XIVe siècle, par Hugues de l'Aigle, écuyer, qui en fit l'aveu, le 3 mars 1380, au seigneur de Châteauroux, son suzerain. Cent cinquante ans plus tard, elle était dans la famille de Montjouan ou Montejehan (*de Monte Joannis*), et nous voyons concourir, en 1539, au procès-verbal de réformation de la coutume de Berry, messire André de Montejehan, chevalier, seigneur de Prunget et de Mazières, d'où il suit que ces deux seigneuries étaient alors réunies dans la même main. »

« Le fief de Mazières resta dans la même famille jusqu'au delà de 1640. Mais une longue lacune existe à partir de 1340, et nul document historique ne nous fait connaître à qui cette seigneurie appartint pendant tout le cours du XVe siècle. La clef de pierre qui fermait la voûte au sommet du donjon, gisait, récemment encore à terre, près la porte du château. Elle offre sur son écusson les trois poissons en pal de la maison de Chabot, surmontés d'un lambel de trois pièces. Serait-ce à dire que postérieurement à 1380, ou quelques années avant cette époque où Hugues de l'Aigle possédait Mazières (car on ne saurait guère donner d'autre date à la construction du donjon), serait-ce à dire qu'une branche de la famille de Chabot aurait eu cette seigneurie en sa possession et bâti la haute tour que l'on voit encore ? »

Le donjon de Mazières offre les plus grands rapports avec celui de Prunget. Isolé comme lui, s'élevant sur une base carrée de douze à treize mètres de face, il était entouré, à quelques mètres de distance, d'une forte enceinte de murailles défendue par un large fossé. Une salle basse, voûtée, est au rez-de-chaussée, et de vastes souterrains, également voûtés, existaient au-dessous d'elle. On ne peut pénétrer au premier étage que par une porte extérieure ouverte à quatre ou cinq mètres au-dessus du sol. L'escalier destiné à monter aux cinq autres étages est pris dans l'épaisseur des murs, en alternant d'un côté à l'autre, de telle façon qu'il était indispensable de traverser l'unique salle de chaque étage pour aller du bas du donjon jusqu'au sommet. Les voûtes et les planchers de ces six étages sont détruits ; on ne voit plus que de vastes cheminées suspendues aux murailles, et à l'extérieur, la vieille tour a perdu jusqu'aux machicoulis qui formaient sa couronne. On a transporté, au Musée de Châteauroux, une cheminée très-curieuse provenant du château de Mazières et sur laquelle sont des armoiries.

Les autres dependances du château de Mazières n'ont conservé de leur caractère féodal que les tourelles qui les flanquaient de tous côtés, la porte devant laquelle s'abaissait le pont levis et les vastes cheminées de ses appartements encore décorés de leurs écussons seigneuriaux. La chapelle est très-basse et si rétrécie que neuf ou dix personnes y seraient mal à l'aise ; mais le plafond lambrissé et les parois sont couverts de peintures. Des écussons multipliés, entremêlés de fleurs de lis, y sont reproduits avec les couleurs de leurs émaux, et l'on voit sur les murs les portraits en pied d'une demi-douzaine de dames richement vêtues, la couronne en tête et tenant chacune un livre d'heures à la main. A en juger par les costumes de plusieurs des personnages, les peintures se rapporteraient à la première moitié du XVIe siècle Cet ancien château de Mazières appartient à la famille Bernard.

Mazières n'a pas les points de vue pittoresques dont on jouit à Prunget. Sa position cependant n'est pas sans agrément : placé solitairement dans la vallée au bord de la prairie, les coteaux boisés qui bordent l'autre rive de la Bouzanne, se développent circulairement et lui font comme une ceinture régulière et rapprochée, qui l'entoure et le domine de trois parts.

On voit, dans les champs voisins du château et sur plusieurs autres points en remontant la rive gauche de la Bouzanne, les traces d'un ancien acqueduc souterrain qui paraît être un ouvrage des Romains. Récemment on a trouvé dans les jardins du château, près de la prairie, à quelques pieds au-dessous du sol, un bassin circulaire dont le fond est pavé en dalles de pierres d'un grain très-fin. Les fouilles ont donné des briques charbonnées, des tuiles romaines dont quelques-unes élégamment dessinées, des fûts de colonnes, ce qui indique qu'un établissement romain existait à la place où fut depuis bâti le château de Mazières. La voie romaine de Bourges à Argenton qui passait dans le voisinage confirme cette assertion.

Près de Mazières, au milieu de la prairie, se montre le *Donjon de la Chaise*, étronçonné, coupé à la hauteur du premier étage. L'intérieur n'offre que des broussailles et des ruines. Un bloc de pierre presque informe placé dans une sorte de niche, est encore aujourd'hui l'objet d'un culte particulier. Au jour où l'on chôme le saint dont cette pierre a reçu le nom, les villageois d'alentour se rendent dévotement dans la masure de la Chaise, y dressent un reposoir qu'ils ornent de guirlandes et recommandent à saint Eloy leurs personnes et leurs biens.

Descendons encore le cours gracieux de la Bouzanne et nous apercevrons, sur une roche avancée en forme de presqu'île, les tours inégales de *La Rocherolle*, groupées autour d'une étroite enceinte. La chapelle est à l'un des angles. Voûtée, à nervures peintes et rehaussées d'or, elle offre encore les fleurs de lis entremêlées aux écussons des Chauvigny et de ses anciens seigneurs. Les riantes prairies qui l'environnent, les circuits multipliés de la rivière, les coteaux et les bois qui l'encadrent, tout cela fait du site de La Rocherolle l'un des plus agréable du canton.

Mais, de tous les châteaux situés sur les bords de la Bouzanne, celui de Chabenet présente l'aspect le plus imposant. Si vous arrivez par Châteauroux, les regards sont aussitôt frappés, en sortant du tunnel des Roches, par le *château de Chabenet* que l'on remarque à droite sur la rive gauche de la rivière. Recouvert à sa base d'une végétation toujours verte, il offre un amas de tours et d'échauguettes qui se perdent dans l'horizon. Il a été récemment rétabli, d'après les anciens plans et avec toutes les perfections de l'art moderne, par son propriétaire, M. le comte de Poix, qui continue encore à l'embellir. On y pénètre par le village de Chabenet. Pour y arriver, on descend toujours et l'on traverse deux ponts-levis successifs ; on se trouve alors dans une grande cour, entourée de formidables donjons et dans laquelle existe l'ancienne chapelle. Sur la face du deuxième pont-levis étaient les armes de France et celles des diverses familles qui ont possédé le château. Elles ne sont pas encore rétablies.

On ne connait pas l'origine du château de Chabenet. Nous avons dit que les *Esquisses pittoresques* nous apprennent que Guy de Brillac, chevalier, est dit seigneur d'Argy, de Prunget et de Chabenet, dans la confirmation qu'il fit, en 1253, des dons d'Archambaud d'Argy, son prédécesseur, à l'abbaye de Beaugerais. On voit encore, dans le même ouvrage, qu'on attribue à Josselin du Bois le rétablissement, au XVe siècle, du château de Chabenet que flanquaient quatorze tours et défendaient d'immenses fossés. M. de La Tremblais nous fait connaitre, de plus, qu'Aubert de Montjouan rendit aveu, le 20 mai 1554, pour cette seigneurie, ainsi que pour celles de Prunget et de Tendu.

Le château de Chabenet était un des plus forts du Bas-Berry, lorsque, vers le milieu du XVIIe siècle, il fut complétement démantelé par ordre du cardinal de Richelieu. — La seigneurie de Chabenet n'a jamais été vendue. Elle a passé, par des alliances dans diverses familles. La famille de Poix l'a tenue d'une alliance avec la dernière héritière de Pierre Buffières. Dans le salon du château de Chabenet, on remarque le curieux portrait en pied du maréchal de ce nom ; il est du XVIe siècle.

En quittant la station de Chabenet pour descendre dans la vallée de la Bouzanne, on arrive au village du Pont-Chrétien, et là on découvre de suite, sur le coteau escarpé de la rive gauche de la Bouzanne, le vieux *château du Broutet* qui a été la demeure primitive de la famille Dubreuil-Dubost, laquelle s'est retirée depuis à Gargilesse. On ne connait pas l'origine de ce manoir féodal.

Sa façade, du côté de la Bouzanne, offre deux tours d'inégale grosseur. Du côté de la cour, il y en a une autre au centre de la façade ; elle est destinée à contenir le principal escalier. La base de sa grosse tour est percée de meurtrières. — L'intérieur du château est constitué, à chaque étage par trois grandes pièces, dont les manteaux de cheminée offrent un écusson où l'on distingue encore des glands. — Une petite chapelle se trouve en contre-bas du sol ; elle est éclairée par une ouverture en lancette, placée au-dessus de l'autel. Cette chapelle est surmontée par un joli reste de tour en encorbellement. — Il faut remarquer les belles caves de la construction.

On arrive au château par une première cour, dont le portail est conservé. Il s'y trouve un écusson tout à fait effacé. Les murs latéraux présentent des vestiges de créneaux. Une seconde cour, fermée par un fossé, avait son entrée protégée également par une tour à plusieurs étages, à chacun desquels existe une vaste cheminée. Ces étages communiquaient entre eux par un escalier pratiqué dans l'épaisseur du mur. La tour est découronnée, mais les créneaux conservent de loin un joli aspect. Au bout du jardin est une tour carrée ; de sa fenêtre donnant sur le ravin, on découvre toute la vallée, le château de Chabenet, celui de Connives, qui est près de l'embouchure de la Bouzanne dans la Creuse, ainsi que les deux châteaux du Cluseau, dont il va bientôt être question.

Le château du Broutet, sous le régime féodal, relevait de celui de Chabenet. Son seigneur en recevait l'ordre de marcher avec ses hommes. Il n'avait que de faibles dépendances. Depuis la mort du dernier marquis de Gargilesse, on a vendu en détail les terres qui entourent le château ; le vieux manoir lui-même a été acheté par de petits particuliers qui l'habitent.

Aux pieds du château se tient, le 5 novembre de chaque année, une foire qui jouit d'une certaine célébrité, d'autant plus qu'elle est la dernière. On l'appelle la *foire du Pont*. Elle a lieu dans une prairie et dans un champ sur lesquels plongent les fenêtres du castel. Ce devait être pour ses habitants un jour de fête et de récréation. Autrefois, on distribuait à cette assemblée des primes pour les chevaux. Cette distribution a été transportée à Argenton. Le champ de foire est sur la commune de Saint-Marcel, qui en reçoit le péage.

On a conservé le souvenir d'un *repas fort original* donné en 1848, le jour de cette foire, dans ce manoir délabré. Madame la comtesse de Gargilesse en avait fait venir le menu de Paris, de la maison Chevet. Comme il n'y avait aucun mobilier, la table avait été dressée au moyen de planches soutenues par des tonneaux. Elle était entourée de bancs de bois. En raison de l'oubli qui avait été fait de commander des flambeaux, les bougies avaient été enfoncées dans des bouteilles. L'aimable hôtesse avait eu l'adresse de faire assister à ce repas le préfet républicain, M. Jules Chevillard, qui y fit la meilleure contenance.

Les deux *châteaux du Cluseau*, placés près de la route, sur la rive droite de la Bouzanne, ne sont séparés l'un de l'autre que par un petit chemin.

Le *premier* appartient à M. Léon Duris-Dufresne; son père s'était plu à l'embellir et y avait fait construire un pavillon demi-octogone qui produit le plus charmant effet. L'entrée du parc se fait par une belle grille ; on monte au château par une allée sinueuse. Du parc, où l'on trouve de beaux et antiques chênes, on découvre toute l'étendue des bassins de la Creuse et de la Bouzanne, avec l'aspect des châteaux de Chabenet, du Broutet et de Connives. C'est une propriété de famille ; la grand'mère de M. Jules Duris-Dufresne, fille de M. Calais, fourrier des logis du roi, l'habitait.

Le *second* château du Cluseau appartient à M. Couté du Cluseau. L'ancien propriétaire se nommait Dubet. La propriété a passé, en 1750, dans la famille du Cluseau. On y remarque une belle façade en pierres de taille et une jolie tour située en arrière à droite. En montant le village de Neuville, la vue est splendide. De son plateau on découvre Argenton et son élégant clocher dans une coupure des coteaux de la Creuse.

Il ne nous reste plus à mentionner que les *ruines du château du Saulier*, qui se trouvent à peu de distance des deux châteaux précédents, dans la vallée du ruisseau du Bousanteuil, qui est un petit affluent de la Creuse. Ces ruines sont situées sur le coteau de la rive gauche. Elles consistent en deux tours reunies en arrière par un corps de bâtiment. En avant une tour est au milieu; c'était l'entrée ainsi que la cage de l'escalier. Un seigneur du nom de Guilloteau vivait dans ce château. A l'époque de la Révolution de 1789, sa fille épousa M. Fontaine, de Saint-Gaultier, et la propriété est restée dans cette famille.

APERÇU GÉNÉRAL

SUR

LES CHATEAUX DU BAS-BERRY.

Quatrième Conférence.

Nous avons dit que, après avoir mentionné les châteaux des bords de la Creuse, de l'Indre et de la Bouzanne, ainsi que de leurs affluents, nous nous occuperions des châteaux isolés. C'est dans cette conférence que nous allons accomplir ce programme.

L'embarras maintenant étant de se créer un ordre, nous suivrons pour cela les diverses routes et leur voisinage, en partant toujours de Châteauroux vers les extrémités du département.

Parcourons d'abord la route de Châteauroux à Selles-sur-Cher. Sans nous arrêter à *Vineuil* et au *Coudray*, jolies habitations de M. Talon et de la famille Dubail, nous arrivons à *Levroux*. Il y a au bas de cette ville un ruisseau appelé Céphons qui se jette dans le Nahon, lequel est un affluent du Cher; c'est sur le sommet de son côteau-nord qu'on remarque les tours à demi ruinées d'un château gothique. Là était l'ancienne ville; le sol est rempli des témoignages de l'importance qu'elle avait. On y retrouve une telle abondance de médailles d'une peuplade de Celtes, que l'on serait tenté de croire, dit M. de L. Tramblais, que c'était la demeure de ces Gaulois qui signaient du nom grécisé d'*abudos* leurs pièces de monnaie. Peut-être doit-on leur attribuer la construction de cette énorme tour de *Bonnan*, dont on voyait naguère encore des pans de murs. Debout, sur le haut de ces vastes débris, elle semble rattacher son humble existence au souvenir de la puissance et de la force qui ne sont plus. Ce château, jadis si formidable, tomba, en 1188, au pouvoir de Philippe-Auguste. — Le 30 avril 1280, Philippe-le-Hardi vint coucher à Levroux avec la reine Marie de Brabant (tante d'Alix de

Mézières-en-Brenne), leurs enfants, le comte d'Alençon, madame Blanche de France, sœur du roi, etc. — Les habitants de Levroux ayant représenté à Charles VII que leur ville était *abîmée et presque détruite* par les excès des gens de guerre, de sorte qu'eux-mêmes n'étaient pas en sûreté dans leurs maisons et qu'ils étaient obligés *d'avoir leurs lits dans l'église où ils couchaient*, le roi, en considération de son cousin, le sieur de La Tour, seigneur de Levroux, leur permit, par lettres données à Chinon le 15 janvier 1435, *de faire murs, fossés, palis, ponts-levis, tours, guerites et autres fortifications*. C'est de cette époque que date la porte *Chastel* ou *Chatel*, qui fut aussi appelée la porte de *Champagne*. Achevée seulement en 1506, elle sert aujourd'hui de prison. — Les ruines du vieux château sont la sépulture de la famille d'Aiguirande, de Romsac.

Les châteaux de *Romsac* et de Bouges sont sur la droite après Levroux. Nous regrettons de ne pouvoir donner l'histoire du premier ; mais celle du second nous est bien connue. Le château de *Bouges* a été bâti par Le Blanc de Marnaval qui fut fermier des forges royales de Clavières et de la manufacture royale de draps de Châteauroux. Marnaval avait acheté, en 1757, la terre de Bouges avec tous ses accessoires, pour la somme de 275,000 livres, des sieur et dame Alleaume. Il fit raser le vieux château pour construire le château actuel, dont on trouve une figure dans les *Esquisses pittoresques*. Les dépenses qu'il y fit contribuèrent pour une bonne partie à sa ruine. La terre de Bouges, mise en vente par ses créanciers, fut acquise, le 11 avril 1781, par M. le marquis et Mme la marquise de Roche-Dragon. Leurs enfants la vendirent, le 31 janvier 1818, au prince de Talleyrand, qui la revendit, le 21 novembre 1826 à M. Masson. Au décès de Mme Masson, elle fut attribuée à M. Masson fils. Le 25 juin 1853, M. Masson fils la vendit au général Mahmont-Benaïad, et celui-ci, en 1857, à M. Dufour père. Elle appartient aujourd'hui à son second fils, M. Henri Dufour.

Sur le cours du ruisseau de Céphons et à gauche de la route de Valençay, on rencontre une certaine quantité d'agréables habitations et de vieux châteaux : Le Pin, la Ponerie et sur un petit affluent du Céphons, à Baudres, l'habitation de M. Jules Favre.

Un peu plus loin, dans la vallée fertile du Nahon,

sont disséminées des habitations plus importantes : Tels sont les châteaux d'*Entraigues*, de la *Moussetière* et de *Langé*. Le château d'Entraigues a été habité par M. Jules Godeau d'Entraigues, ancien député de l'Indre, et celui de la Moussetière par M. Amédée, son frère aîné, ancien préfet de Tours. Ce dernier château passe, dans le pays, pour avoir vu naître le père d'Orléans, auteur de divers ouvrages estimés et entre autres d'une *Histoire des révolutions d'Angleterre* ; mais il paraît certain que le savant jésuite est né à Bourges, en 1664. L'erreur, selon de M. de La Tramblais, provient sans doute de ce que sa famille, une des plus nobles et des plus recommandables de la province, était, au XVIIe siècle, en possession de la terre de la Moussetière. Ce château est entouré de vignobles où se récolte un des meilleurs vins que produit le département. Près du château de Langé est une vieille demeure féodale enterrée entre quatre tourelles. On en reconnaît à peine aujourd'hui l'emplacement au milieu d'un bois taillis. C'était le manoir seigneurial du fief de *La Quesnière* avec lequel il était en partage pour la jouissance de plusieurs droits. Ainsi, les seigneurs du fief de Langé ne pouvaient prendre le titre que de seigneur de Langé en partie, l'autre partie étant réservée aux seigneurs de La Quesnière. Ce partage de droits fut l'origine de la destruction de ce dernier château.

Sur la même route, un peu avant Valençay, est le *château* de *Veuil*, dont les *Esquisses pittoresques* reproduisent le bel aspect.

Une intéressante brochure de M. P. H. de La Tour du Breuil, publiée en 1871, nous fournit des détails à ce sujet. La famille Hurault avait acquis la terre de Veuil de Louis de Marafin, seigneur de Notz, vers l'an 1500, par acte passé en faveur de Jacques Hurault, et la posséda entière pendant près d'un siècle. C'est durant cette période que fut bâti le beau château dont les restes existent encore. — En 1594, le mariage d'Elisabeth Hurault avec Pierre de Voyer, seigneur d'Argenson, amena le partage de la terre et seigneurie de Veuil, avec la résidence pour les deux familles, jusqu'après l'année 1872. Il semble pourtant, d'après l'examen du style architectural de l'église, que le chœur et les deux chapelles latérales ont été construits à la même époque que le château, et par la pieuse libéralité des seigneurs. — On trouve, dans les archives de la commune, des lettres patentes du roi Louis XV, en date de janvier 1726, qui constituent la terre de Veuil en comté, sous le nom de *Veuil-Argenson*, en faveur de messire Marc de Voyer de Paulnay, chevalier, comte d'Argenson, conseiller d'Etat et chancelier du duc d'Orléans. Le propriétaire de la terre et ses successeurs ne devaient rendre hommage qu'au roi.

Le château avait la forme d'un parallélogramme, flanqué de quatre tours rondes, et accompagné de vastes bâtiments de service. Il se composait de trois corps de logis et d'une chapelle, et il était entouré de fossés en douves sèches L'entrée principale était au couchant par un pavillon-donjon, portant pont-levis et poterne, et flanqué de deux galeries terminées par des tours rondes à toits élancés. Au midi, le corps de logis principal dominait la vallée et le bourg de Veuil. Des machicoulis faisaient saillie au-dessous de la toiture. L'architecture de la cour intérieure était surtout remarquable par la recherche des ornements. — Le vandalisme révolutionnaire porta à ce beau manoir le coup le plus funeste. Après avoir effacé les armoiries, on mutila à coup de marteau tous les ornements, de manière à en rendre la restauration impossible.

M. Voyer d'Argenson vendit le comté et toutes ses dépendances à messire Jean Paris de Montmartel, marquis de Brunoy. La terre fut possédée ensuite par M. Micault de Courbeton, comme héritier de M. de Montmartel, et M. de Courbeton la vendit en 1787 à M. Legendre de Luçay, propriétaire et seigneur de Valençay. En 1805, la terre de Veuil fut vendue par M. de Luçay, fils de M. Legendre de Villemorien, et par le même acte que la terre de Valençay, à messire Charles-Maurice de Talleyrand-Périgord, prince de Talleyrand.

On trouve à Saint-Fiacre un joli pavillon dont les *Esquisses pittoresques* donnent la figure. C'est un château, resté inachevé, qui avait été commencé par la princesse Tyszkiéwics, qui voulait se fixer dans les environs de Valençay. Cette princesse, née Marie-Thérèse Poniatowski, était nièce du dernier roi de Pologne.

Nous arrivons à Valençay. C'est la plus grande terre et le plus beau château de notre département. Nous suivrons encore M. de La Tramblais dans la description qu'il donne de cette résidence presque royale. Suivant Bernier, dans son *Histoire de Blois*, la terre de Valençay aurait appartenu aux comtes de Blois à une époque fort reculée et serait un démembrement du comté même. La partie des titres de Valençay antérieure au XVe siècle ayant été brûlée en 1789, il devient impossible aujourd'hui de vérifier l'exactitude de cette assertion. Le plus ancien possesseur dont on rencontre la trace, est Alix de Bourgogne, fille d'Eudes et de Mahaud de Bourbon, dame de Saint-Aignan, Montjoy et Valençay, qui, par son mariage avec Jean de Châlons, premier du nom, porta, en 1268, tous ses biens dans la maison de Châlons-Tonnerre. Les descendants d'Alix conservèrent longtemps la châtellenie de Valençay, puis ils finirent par la vendre, au milieu du XVe siècle, moyennant 12,000 livres, à Robert d'Etampes, chambellan du roi Charles VII, et à ses frères. Louis, petit-fils de Robert, en recueillit l'héritage et forma la souche de la branche d'Étampes-Valençay qui posséda cette seigneurie jusqu'en 1745, après avoir obtenu son érection en marquisat. Valençay appartint ensuite successivement à Louis Chaumont de La Millière et à M. de Villemorien, fermier général, qui y joignit la terre de Luçay-le-Mâle dont il fit prendre le nom à son fils ; enfin, M. de Talleyrand s'en rendit acquéreur en 1805, à l'instigation de l'empereur Napoléon qui voulait que son ministre des affaires étrangères achetât une belle terre où il pût recevoir brillamment les ambassadeurs et les étrangers de distinction.

Le château de Valençay, construit, au XVIe siècle, par les seigneurs d'Etampes, sur les dessins de Philibert Delorme, et ayant, en outre, reçu depuis de nombreux embellissements, répondait merveilleusement aux vues de l'empereur. Peu de monuments de la renaissance rivalisent, en effet, avec lui de noblesse et d'élégance. Son caractère grandiose apparaît surtout quand on arrive du côté de Selles, à la sortie de la forêt de Gatines : de larges avenues conduisent à une première cour qui a une sortie sur la ville et où se trouvent à gauche, les écuries, à droite la salle de spectacle. La seconde cour, séparée de la première par les orangeries bâties par M. de Talleyrand, précède immédiatement le château et s'arrête au bord d'un large fossé qui, en se détournant à l'est, isole pareillement l'édifice du côté de la cour et des jardins.

Le château actuel de Valençay, construit sur le même emplacement que la primitive habitation de

Chalons-Tonnerre, présente la figure d'une équerre. La façade, tournée vers la seconde cour, se compose d'un majestueux donjon et de deux corps de logis inégaux, qui s'en détachent et se prolongent de chaque côté. Deux tours, aux toits arrondis en forme de dôme, encadrent la façade. Celle qui est placée au nord termine le bâtiment dans cette direction ; mais l'autre beaucoup plus grosse, réunit à la façade un grand corps de bâtiment en retour, d'une construction un peu postérieure. Une troisième tour, à peu près semblable à celle qui s'élève à l'angle de l'équerre a été ajoutée, par M. de Villemorien, à l'extrémité occidentale du grand corps de logis, et donne à celui-ci une apparence plus régulière.

Le donjon, dont il vient d'être parlé, mérite une mention à part par la richesse et la multiplicité de ses ornements ; on admire entre autres de remarquables cheminées. Au-dessus du toit de ce donjon régnait une frise d'écussons portant les armes des principales maisons avec lesquelles les seigneurs d'Étampes avaient contracté des alliances. Ces armoiries ont disparu à la Révolution, et il ne reste plus que les noms des familles gravés au-dessus de la place qu'occupaient les écussons.

La troisième cour ou cour intérieure à laquelle on communique de la seconde par un pont-levis et une voûte qui traverse le donjon, n'est fermée que de deux côtés par le château. Elle présente un aspect tout particulier d'originalité, en raison des espèces de cloîtres ou arcades qui règnent au rez-de-chaussée des deux ailes du corps de logis et sur lesquels tous les appartements viennent ouvrir. Jadis, des écuries bordaient cette cour au nord ; mais M. de Luçay les a fait démolir, et du château l'on jouit maintenant de la vue de la ville et des usines placées sur les bords du Nahon. Une simple balustrade à jour, qui a remplacé une sorte de portique abattu par M. de Villemorien, sépare la cour, au levant, d'une terrase désignée sous le nom de jardin de Madame la duchesse, parce qu'elle est attenante à l'appartement qu'habitait la duchesse de Dino, nièce du prince de Talleyrand, quand elle venait à Valençay. Un petit pont unit la tourelle au parc qu'un autre pont, orné de vases en marbre blanc, met en communication plus directe avec le corps de logis principal.

L'intérieur du château de Valençay répond à la magnificence de l'extérieur. Les pièces de réception y sont spacieuses, bien distribuées, et ne forment pas moins de vingt-cinq appartements de maîtres. Au rez-de-chaussée, à gauche d'un beau vestibule, se trouve la salle de billard, puis le salon auquel tient une petite bibliothèque. Viennent ensuite une chambre à coucher de belle proportion et un salon circulaire donnant entrée dans un boudoir d'où l'on descend sur la terrasse dont il a été question précédemment. La porte à droite du vestibule contient la chambre à coucher de M. de Talleyrand précédée d'une vaste salle à manger. L'escalier principal est entre celle-ci et le vestibule.

Les étages supérieurs présentent une disposition analogue à celle du rez-de chaussée. De larges galeries se prolongent pareillement le long des façades qui regardent la cour. La galerie du premier étage aboutit d'un côté à la chapelle, et, de l'autre, formant un retour dans le petit corps de logis, elle conduit à la bibliothèque principale placée dans le donjon. La première partie de cette galerie est ornée d'estampes également curieuses au double point de vue de l'histoire et de l'art : ces gravures y sont classées suivant un ordre méthodique ; la partie la plus rapprochée de la chapelle est exclusivement réservée aux sujets religieux. La seconde partie de la galerie, beaucoup moins longue, mais éclairée des deux côtés, renferme un choix de bustes en marbre d'après l'antique, et des bas-reliefs originaux, aussi en marbre, rapportés de Grèce par M. de Choiseul-Gouffier.

A la suite de la bibliothèque, riche en livres précieux, est un cabinet de curiosités dont l'intérêt ne réside pas seulement dans les objets d'art qui y sont réunis. Les murailles sont ornées d'une multitude de petites gravures représentant les hommes célèbres qui ont illustré la France aux diverses époques de son histoire et plus particulièrement au XVIIIe siècle. Cette collection provient de l'abbé Morellet qui avait employé une partie de sa vie à la former. Des médailles d'or, en argent et en bronze, également à l'effigie des personnages historiques occupent les intervalles des cadres qui contiennent les portraits. Enfin, l'attention des visiteurs se porte surtout sur une série de vingt-huit portraits en miniature de différents souverains, donnés par ces derniers à M. de Talleyrand, en souvenir des traités que cet habile diplomate avait négocié avec eux. Dans le nombre figure le portrait du sultan Sélim qui, mettant de côté les préceptes de la foi musulmane, se fit peindre pour offrir un témoignage d'estime sans précédent au ministre de Napoléon. Il faut renoncer à détailler toutes les richesses artistiques que renferme le château ; tous les portraits des têtes couronnées en tapissent les appartements.

En 1808, l'empereur Napoléon assigna le château de Valençay pour résidence aux deux fils du roi d'Espagne, Charles VII, et à leur oncle l'infant don Antonio, qui l'habitèrent jusqu'au commencement de 1814. Parmi les objets qui rappellent le séjour des princes d'Espagne à Valençay, celui qui excite le plus la curiosité des touristes, est une ancienne voiture rouge et or, construite sur le modèle des carrosses de la cour de Louis XIV, et dans laquelle ils firent le trajet de Bayonne en Berry.

Valençay appartient aujourd'hui au petit neveu du prince de Talleyrand qui, en même temps qu'il lui en assurait la propriété, obtenait du roi Charles X l'autorisation pour son héritier de porter le titre de duc de Valençay.

La dépouille mortelle du prince de Talleyrand repose dans le caveau de la chapelle d'une maison de charité dont il avait doté les sœurs de Sainte-Croix.

Près de Valençay sont les ruines de *Villentrois*. C'était jadis une redoutable forteresse que les comtes d'Anjou conservèrent dans leur mouvance pendant de longues années. Une seule tour subsiste encore dans son entier.

Si nous suivons la route de Châteauroux à Vierzon, nous trouvons quelques habitations qui méritent d'être notées : à gauche, le petit *château de Coings*, appartenant à Mme Jules Duris-Dufresne ; à droite, *Clunay*, petit castel à deux tours, construit par M. Eugène Grillon, ancien maire de Châteauroux et député de l'Indre. Plus loin, il faut remarquer le charmant château de *Richelain*, qui a été récemment édifié par M. Dufour, notaire à Paris et ancien député de l'Indre ; après Vatan, la maison de *La Beaupinière* que le docteur Herpin a cédée à M. Alard, artiste distingué ; le joli château de *La Chénaie* où notre célèbre compatriote, M. Ferdinand de Lesseps, exerce une brillante hospitalité ; le beau domaine de *La Baudonnière* qui a appartenu à mon parent, M. Fauconneau-Dufresne, qui, après avoir été procureur général et premier président de cour d'appel, est décédé conseiller à la cour de Cassation. Autour de Vatan sont quelques autres propriétés qu'il serait intéressant de mentionner, mais que je n'ai pas visitées.

Entre les routes de Vatan et d'Issoudun, il faut s'arrêter un instant au *château de Paudy ;* M. de La Tramblais nous en a fait connaître l'histoire. Sa tour élevée défendait l'entrée d'un château-fort dont l'enceinte subsiste encore en grande partie, et dans lequel, suivant une ancienne tradition, le prince Zizim aurait été enfermé, tandis que l'on préparait pour lui la prison de Bourganeuf. A cette époque, la terre et châtellenie de Paudy appartenait à Jean Chevrier, pannetier de Jeanne de France et gentilhomme de la fauconnerie du roi. D'intimes relations l'unissaient vraisemblablement à la famille d'Aubusson, et ce fut sans doute pour mieux reserrer ces liens qu'il épousa, en 1500, Marguerite d'Aubusson, proche parente du grand maître qui avait fait conduire en France l'infortuné frère de Bajazet.

Très-haute et puissante princesse madame de Savoye, femme de Frédéric d'Aragon, prince de Tarente et seigneur d'Issoudun, *trépassa en l'hostel de Pauldy* le 23 avril 1480, ainsi que l'indique une épitaphe placée dans l'église de Notre-Dame, à Issoudun.

Le château de Paudy paraît être resté inhabité au XVIIIe siècle. Une lettre insérée dans le *Mercure de France* de l'année 1748, le qualifie de *château délâbré*. Dans ces derniers temps, le château était habité par Mlle de Riffardeau, sœur du duc de Rivière.

Près de Paudy est l'élégant château d'*Angy*, construit récemment par le savant M. de la Villegille, ancien secrétaire du comité des travaux historiques, au ministère de l'instruction publique.

En avançant encore, nous nous trouvons au *château de l'ancienne commanderie de l'Ormeteau* ; cette maison seigneuriale, destinée au logement des seigneurs commandeurs, était entourée de fossés avec pont-levis. Une tour était à chaque angle et un grand parc en dépendait. Une petite église y était attenante. Les bâtiments, sauf la chapelle, existent encore, et sont bien entretenus par le possesseur actuel, M. Martinet, ancien juge de paix à Issoudun. Tous les biens de la commanderie ont été vendus nationalement et ont produit

1,035,447 livres. Nous avons inséré, dans la *Revue du Bas-Berry*, du mois de septembre 1875, une notice sur la commanderie de l'Ormeteau, où nous avons donné la liste des commandeurs. M. Chertier, actuellement substitut au Blanc, a représenté le château et reproduit les écussons qui se trouvent sur les cheminées des diverses pièces et sur les portes.

Enfin, sur la route d'Issoudun à Vierzon, est le beau *château de La Ferté-Reuilly*, que Mansard bâtit, en 1659. Sa situation charmante, aux bords de la Théols qui l'entoure de ses eaux, le goût pur et correct de ses constructions, en font une des plus belles résidences du département. L'ancienne terre de La Ferté passa dans la maison de La Châtre par le mariage de Anne Robertet, fille de Florimond, et grande tante de Gabrielle d'Estrées, avec Claude de La Châtre, seigneur de Nançay, d'où elle fut transmise par les femmes au duc de Vitry (François-Marie de l'Hospital), qui la vendit, le 4 mai 1656, à J. de la Fond, moyennant 84,000 livres et *cent louis d'or pour la chaîne de madame la duchesse*.

En suivant le cours de nos principales rivières, nous n'avons pas eu l'occasion de parler de *la tour d'Issoudun*. C'est le moment d'y arriver, puisque nous sommes sur la Théols. Cette tour frappe de loin les regards ; elle est assise sur un monticule formé en partie de terres rapportées. Aucun document ne constate la date précise de sa fondation ; mais indépendamment de son architecture intérieure qui rappelle le passage du plein cintre à l'ogive, c'est-à-dire le XIIe siècle, elle doit appartenir à l'époque où ce genre de constructions, en Angleterre et en France, reçut la plus grande extension, celle où Philippe-Auguste bâtit la grosse tour de Louvre et acheva la grosse tour de Bourges. La tradition populaire attribue aux Anglais la construction de la tour d'Issoudun, et elle est connue, de temps immémorial, sous le nom de *tour blanche* ou *tour de la reine Blanche*.

Les deux entrées de cette tour étaient au niveau du deuxième étage. Ce deuxième étage se composait d'une salle spacieuse et élevée et se terminait par une belle voûte, soutenue par des arcs doubleaux à triple nervure : c'était sans doute l'appartement du gouverneur. Il est difficile aujourd'hui de distinguer la disposition des autres étages. Le mortier qui a servi à la construction de l'édifice est devenu d'une dureté supérieure à celle de la pierre.

La grosse tour d'Issoudun a joué son rôle dans les révolutions politiques et dans les persécutions. Les murs sont chargés d'inscriptions qui y attestent le passage de prisonniers de diverses classes et de diverses époques. Quelques-uns ont osé confier à la muraille le secret de leurs douleurs ; parmi ces inscriptions, on en remarque un certain nombre en caractères hébraïques. Cette tour considérée comme prison, compte ses hôtes en grand nombre et parmi eux les plus illustres. En 1526, le procureur général du roi poursuivait devant le parlement André II de Chauvigny, seigneur de Châteauroux, en paiement d'une amende encourue par son père. Chauvigny alléguait pour défense que le roi Philippe ayant fait mettre en prison le feu seigneur de Châteauroux dans le château d'Issoudun, pour défaut de paiement de cette amende et l'y ayant retenu très-longtemps, lui en avait fait remise en le mettant en prison, ainsi qu'il offrait d'en faire la preuve. Guillaume III de Chauvigny, dit *dent de mai*, fut donc vraisemblablement un des premiers hôtes de la grosse tour. En 1488, Louis XII, qui n'était encore que duc d'Orléans, y fut amené prisonnier par ordre de Charles VIII, avant d'être transféré à la grosse tour de Bourges. La tour d'Issoudun vit se multiplier les prisonniers pendant les troubles civils et religieux qui agitèrent le XVIe siècle et une partie du XVIIe.

Aujourd'hui, restaurée et rendue à sa première distribution, autant que faire se pouvait, au moyen des dons volontaires des habitants et des secours du gouvernement, la tour d'Issoudun a été classée au nombre des *monuments historiques* de la France. Elle peut désormais recevoir les visiteurs et les amateurs de nos antiquités nationales.

Ceux qui désireront avoir de plus grands détails sur la grosse tour d'Issoudun et sur l'histoire de cette ville pourront surtout consulter les *Recherches historiques et archéologiques sur la ville d'Issoudun*, par Armand Pérémé. 1847.

Nous ne nous arrêterons pas aux petits châteaux de *Sainte-Fauste*, de *Vouillon*, de *La Tramblaire* sur lesquels nous n'avons pas assez de données, ni sur la belle et récente construction de MM. Montet père et fils, à *Pruniers;* mais il sera d'un intérêt plus historique de nous réserver pour l'ancien *châteaufort de Bosmiers* sur lequel nous avons présenté une étude dans la *Revue du Bas-Berry*, numéro d'octobre 1875.

A un kilomètre de l'église paroissiale de Bosmiers, on rencontre des ruines importantes. Elles consistent en de hautes et épaisses murailles, renfermant une vaste enceinte. Un donjon, situé à l'Est, en est séparé par de larges fossés. Cette enceinte forme un parallélogramme irrégulier. Ses murailles flanquées de tours et percées de meurtrières, envahies par le lierre et les ronces, offrent de nombreuses brèches qui s'augmentent tous les jours, attendu que les gens du pays viennent y prendre des pierres pour leurs constructions. La porte d'entrée, qui regarde le Midi, est constituée par deux tours, sur le côté desquelles est creusée la rainure de la herse. Au fond de l'enceinte était l'habitation ; de nombreuses pierres sculptées, gisant sur le sol, en sont l'indice. Vers l'Est, dans une salle basse voûtée, sont conservés une vingtaine de gros boulets en pierre, qui étaient destinés à être lancés au moyen de balistes. Le donjon est mieux conservé que le château ; il a été construit sur une éminence élevée de main-d'hommes.

Mais ces ruines, quelque intéressantes qu'elles soient, pourraient être confondues avec beaucoup d'autres, si l'on n'établissait pas la série des familles qui ont habité le château.

L'origine du château est inconnue. On sait seulement qu'au XIIe siècle, il y avait à Bosmiers une famille dont le chef portait le nom de Robert de Bosmiers, et qui était déjà puissante et mêlée aux affaires du pays. — Robert, seigneur de Bosmiers, premier du nom, est qualifié sénéchal d'Issoudun pour le roi de France, dans des lettres de l'an 1203. En 1214, Robert, deuxième du nom, seigneur de Bosmiers, est convoqué, avec le baron de Châteauroux et d'autres seigneurs du Berry, pour se rendre en Flandre avec le ban et l'arrière-ban de la province. Robert, troisième du nom, contracte un premier mariage avec une sœur de Thibault du Blason, et un second mariage, vers 1250, avec Agnès de Déols. Robert de Bosmiers, quatrième du nom, seigneur de Bosmiers, Condé, etc., épousa, en 1250, Mahaud de Déols, et se remaria avec Yolande de Mello.

Thibault de Bosmiers, cinquième du nom, fut surnommé le Grand. Il fut, avec divers seigneurs, convoqué par le roi, Philippe-le-Bel, après la bataille de Courtray. Il contracta alliance avec Marguerite de Villeborn dite la *Chambellane*, de l'ancienne maison de Nemours, dont les seigneurs possédèrent si longtemps la dignité de chambellan de France que le surnom de chambellan demeura à leur postérité. Il eut trois filles, mais pas d'enfants mâles. La seigneurie de Bosmiers passa alors dans plusieurs familles et arriva à Guy II, de Chauvigny, seigneur de Châteauroux, dont la possession ne fut pas de longue durée.

Jeanne, comtesse de Boulogne et d'Auvergne, mariée, en 1416, à Georges de La Trémouille, était dame de Bosmiers. La seigneurie resta dans la famille de son mari. Nous devons nous arrêter un instant sur *Louis de La Trémouille*, vicomte de Thouars et prince de Talmont, qui reçut le surnom de *chevalier sans reproche*. Il avait passé son enfance au château de Bosmiers, sous la rude discipline qui formait alors la jeune noblesse. A treize ans, il quitta le toit paternel pour aller auprès de Louis XI, achever son éducation de gentilhomme et de chevalier. Il devint l'un des plus braves capitaines de son temps. Il gagna, pour Charles VIII, la bataille de Saint-Aubin, en 1488 ; commanda à la journée de Fornoue, en 1495 ; fut nommé lieutenant général du Poitou et de l'Angoumois ; conquit le duché de Milan, en 1500, pour Louis XII ; eut une grande part à la victoire d'Agnadel, en 1509 ; perdit la bataille de Novarre, en 1513 ; se releva la même année par sa belle défense de la Bourgogne ; fut un des héros de Marignan, en 1515 ; défendit la Picardie presque sans troupes, en 1522 et 1523, et périt glorieusement à Pavie, en 1525.

Ce fut un Jacques de La Trémouille qui fonda, en 1509, le couvent des Minimes qui était en face du château.

Pendant les troubles de la Fronde, Bosmiers, en 1650, joua un rôle actif dans la lutte contre la puissance royale. Le commandant de Montrond avait envoyé dans ce château une garnison de quarante maîtres et de soixante fantassins sous les ordres du sieur de La Bernais. Celui-ci commença par contraindre tous les paysans du voisinage à venir travailler aux fortifications et il ne s'occupa qu'à faire des *pilleries* jusqu'aux portes d'Issoudun. A la prière des habitants de cette ville, le comte de Saint-Aignan, gouverneur de la province, accourut à la tête de plusieurs régiments d'infanterie et de cavalerie; et les maîtres de la ville, conduits par le sieur Perrot de l'Epinière, amenant avec eux trois cents mousquetaires et deux pièces de canon, le rejoignirent à Chârost. Bien que les défenseurs de Bosmiers eussent reçu de nouveaux renforts, ils ne jugèrent pas à propos d'affronter l'attaque de cette petite armée. Après avoir rompu les ouvrages qu'ils avaient élevés et mis le feu en divers endroits, ils se retirèrent précipitamment, abandonnant la plus grande partie de leurs armes et un gros mortier de fonte.

Bosmiers, ancienne châtellenie, devenue baronnie en 1504, était une véritable place forte, qualifiée telle dans les anciens actes. Les châtelains de Bosmiers avaient rang parmi les principaux seigneurs de la province. Quand l'archevêque de Bourges faisait son entrée solennelle dans la ville métropolitaine, porté par huit barons du Berry, c'était le seigneur de Bosmiers qui remplaçait, en cas d'absence, celui de Fonteuay. Bosmiers relevait originairement d'Issoudun. Depuis, à la suite d'événements encore ignorés, le château, place de Bosmiers et dépendances relevèrent directement de l'abbaye de Saint-Sulpice de Bourges.

Le temps et le vandalisme ont exercé sur ce château leur action destructive. Il était depuis longtemps inhabité à l'époque de la Révolution de 1789. Ses ruines et ses dépendances furent vendues nationalement. Une partie des fermes est tombée entre les mains de M. de La [illegible]tardière, puis de s[illegible]n gendre, M. de Bryas. M. Berge[illegible] d'Issoudun, a acheté récemment les ruines et le co[illegible]vent des Minimes converties en métairie.

N'ayant plus le cours des rivières à suivre et ne trouvant pas toujours sur les routes de nouveaux châteaux à mentionner, nous sommes obligés de franchir des espaces. Avant d'arriver au Plaix-Jolliet, nous dirons un mot sur le *château de Limanges*, qui a été habité par les Aucapitaine, dont le dernier était connu sous le nom de chevalier de Limanges; ce château est aujourd'hui en la possession de M. Périgois, membre du Conseil général. Historiquement, nous ne connaissons sur la propriété que le fait suivant : En 1632, Louis XIII, âgé de 31 ans, s'arrêta à Châteauroux, revenant de Toulouse avec le cardinal de Richelieu, où ils étaient le 30 octobre, jour où le maréchal de Montmorency y fut décapité. On voit, dans son itinéraire, qu'il coucha le 9 novembre à Limoges, le 10 à Morterolles, le 11 à Saint-Benoit-du-Sault, le 12 à Saint-Marcel. Le 13, il séjourna à Châteauroux où il était au château Raoul. Le 14, on le fit chasser dans la forêt ; on dit qu'il s'y égara et qu'il fût passer la nuit au château de Lemanges On y conserve la chambre où il coucha, et l'on dit que M. Périgois se propose de la faire meubler à la manière du temps de ce roi.

Le *Plaix-Jolliet* (1), dont les *Esquisses pittoresques* nous donnent une image, est un petit château bâti sur la croupe d'une colline escarpée, contournée par un ruisseau au cours abondant et rapide, dont les eaux, forcées de refluer derrière une chaussée élevée en travers de la vallée, forment, dans cet endroit, un joli lac. Les murs du castel sont baignés au nord par les eaux de ce lac, dont le trop plein alimente un moulin qui fait en quelque sorte partie de la forteresse, et qui se trouvait ainsi placé sous sa protection. Le Plaix-Jolliet était ceint d'une muraille arcboutée par des tours crénelées. L'approche en était défendue des deux seuls côtés accessibles par de larges et profonds fossés creusés dans le roc. Le pont-levis, jeté sur le fossé du côté du midi, donnait entrée dans le château par une porte peu élevée, autour de laquelle on s'était attaché à multiplier des moyens de résistance. Deux tours flanquaient cette porte à une faible distance ; des machicoulis régnaient au-dessus, et formaient un chemin couvert établissant une communication entre ces deux tours voisines. La cour est triste et sombre. De massives constructions qui s'adossent au mur d'enceinte resserrent l'espace et permettent difficilement aux rayons du soleil de plonger jusqu'au pied des bâtiments. La chapelle, détruite aujourd'hui se trouvait sur l'un des côtés de cette cour, en face de l'entrée du corps de logis principal.

L'histoire du Plaix-Jolliet pourrait peut-être offrir des scènes émouvantes; mais sa situation isolée, son éloignement des grandes lignes de communication, laissent son passé enseveli dans l'obscurité la plus profonde. A peine connait-on les anciens possesseurs de cette

(1) Plaix-Jolliet vient, suivant M. de La Tramblais, de *plaxitium*, d'où Ducange a fait dériver *Plessis*. Plaix-Jolliet voudrait dire *jolie petite maison de plaisance*. La position agréable de ce château justifie cette appellation.

demeure. Un écusson placé dans les vitraux de la chapelle montrait les armoiries des seigneurs de Brosse, *d'azur à trois gerbes d'or*. D'un autre côté, on trouve, dans la Thaumassière, que Pierre de Chamborant, frère de Gilbert, abbé de Massay, était seigneur du Plaix-Jolliet au XVe siècle. Ce seigneur ayant épousé Souveraine de Chamborant, sa cousine germaine, on peut en conclure que le Plaix-Jolliet était auparavant dans leur famille, et que cette terre en sortit seulement après la mort de Pierre de Chamborant, qui ne laissa que des filles.

Sur la route d'Aigurande à Argenton, on trouve, près de Pommiers, le *château du Châtellier-Portau*, désigné plus habituellement sous le seul nom de Châtellier. C'est une construction considérable avec beaucoup de tours et de pinacles. Le château était possédé au XVIe siècle par la famille de Rance, dont l'héritière épousa, en 1585, Charles de Tiercelin. De cette union sortirent les Tiercelin de Rance, aux armes desquels est l'écusson placé au dessus de la porte d'entrée. Ce château, qui appartenait à M. de La Judie, a été revendu récemment.

Traversons la Creuse et la route de Châteauroux à Limoges, et arrivons aux *ruines du château de Brosse*. Elles sont situées à cinq kilomètres de Chaillac et placées sur une éminence entourée de ravins profonds. De loin, elles se présentent sous l'aspect d'une grande tour principale et de murailles flanquées de plusieurs autres tours, dans l'enceinte desquelles on aperçoit de nombreux débris de constructions.

Le château de Brosse a été le siège d'une vicomté puissante qui formait l'une des sept dépendant du comté de Poitou. — Rien n'est plus pittoresque que le lieu où il était situé. La forteresse, très-fortifiée du côté du plateau, offre du côteau de l'est, dans la profondeur du ravin, un rocher noirâtre qui s'étale sur une prairie verdoyante.

L'origine de cette construction se perd dans la nuit des temps. Au-delà du Xe siècle, on ne trouve aucun renseignement pour éclairer son histoire ; ce n'est qu'au moyen-âge qu'on découvre quelques documents qui s'y rapportent. Les seigneurs de Brosse apparaissent, pour la première fois, dans la chronique locale, vers la fin du Xe siècle. Guillaume III, dit *Tête d'étoupes*, duc d'Aquitaine, venait de détacher la Marche du Limousin en faveur de Boson Ier, dit *le Vieux*, qu'il en avait fait comte. Ce nouveau seigneur ne tarda pas à avoir des démêlés avec Gérard, vicomte de Limoges et de Brosse, et à lui déclarer la guerre. Il vint, en 974, assiéger son château de Brosse; mais Guy ou *Gaydonunus*, fils aîné de Gérard, réunit ses troupes limousines à celles d'Argenton, attaqua Boson, défit son armée et le força de lever le siége. Après cette défaite, le comte de La Marche se retira dans son château de Crozant, où il mourut, dit-on, de chagrin.

Guy succéda à son père dans les vicomtés de Limoges et de Brosse. Il épousa Emma ou Anna, fille d'Aimar de Ségur et en eut un fils qui porta le nom d'Aimar.

Malgré les guerres presque continuelles qui avaient lieu entre le duc d'Aquitaine, le comte de La Marche et le vicomte de Limoges et de Brosse, Hélie Boson II, fils de Boson Ier, avait épousé Almadis, sœur de Guy. Cette princesse, d'une beauté remarquable, n'était désignée que par le surnom de la *belle Limousine*. De cette union naquit une des principales causes des guerres qui eurent lieu entre ces deux seigneurs.

Aimar, vers l'an 1030, profitant de l'absence d'Ithernis, qui commandait à Saint-Benoît, alla attaquer cette ville. Mais Ithernis ne tarda à revenir avec des secours nombreux, reprit la ville, poursuivit le vicomte de Brosse et de Limoges, et le força à se réfugier dans la tour du clocher. Aimar essaya de s'y défendre; mais comme cette tour était de bois, Ithernis y fit mettre le feu et obligea son ennemi de se rendre à discrétion. Aimar fut conduit à Brosse devant la porte du château et menacé d'avoir la tête tranchée sur le champ si la forteresse n'était pas rendue Voyant le danger qu'encourait leur prince, les défenseurs en ouvrirent les portes sur ses ordres; leur chef fut immédiatement mis en liberté.

Aimar eut, entre autres enfants, de sa femme Sénégonde, un fils nommé Bernard, qui, dans le partage de son père, eut Brosse. Bernard fut, en 1080, le premier vicomte de Brosse, avec faculté héréditaire dans sa famille. Il prit en même temps un écussion *d'azur à trois gerbes d'or liées de gueules;* quelques-uns disent trois brosses, peut-être avec raison, car, dans ce temps, les brosses ressemblaient à des gerbes.

A Bernard Ier succéda son fils Girauld, époux d'Agnès. Comme plusieurs de ses devanciers il eut des démêlés

7

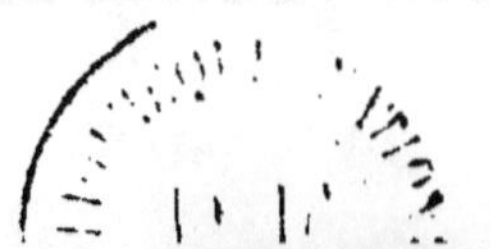

avec l'abbaye de Saint-Benoît. En 1154, il fit, avec l'abbé Boson et le prévôt de la ville, Giraud de Cave, un traité ayant pour titre : *Privilèges du pays*

Bernard II, fils et successeur de Girauld, ratifia le traité dans une charte latine, avec Zaccharie, abbé de Saint-Benoît de Fleury, en présence de Pierre, archevêque de Bourges. Il épousa, en 1175, Aldemondis d'Angoulême, veuve d'Amanieu d'Albret. De ce mariage naquirent Bernard III, vicomte de Brosse, et Pierre de Brosse, chevalier, seigneur de La Châtre-au Vicomte, marié à Marie de Montpensier, fille de Jean d'Orléans, dont il n'eut pas d'enfants.

De Bernard III, la vicomté passa à Bernard IV, qui était probablement son fils. En 1249, ce nouveau vicomte s'obligea par serment, devant l'archevêque de Bourges, à observer le traité fait par son père avec l'abbé de Saint-Benoît. Bernard eut quatre enfants : Hugues Ier, vicomte de Brosse et seigneur d'Argenton ; Guillaume de Brosse, archevêque de Bourges ; Hélie de Brosse, chanoine de Bourges, et Ainore de Brosse, qui épousa Thibaut Chabot, seigneur de Roche-Cervière.

Hugues Ier, par son mariage, en 1230, avec Guiburge, fille unique d'Hélie, seigneur de Sainte-Sévère et La Motte-Feuilly, comte d'Harcourt, de Châteauclop et Dun-le-Paleteau, avait hérité de ces seigneuries au décès de son beau-père. Le 18 mai 1240, il céda au seigneur de Treillac tous ses droits, comme seigneur de Sainte Sévère, sur les terres de Saint-Pol et de Treillac. En 1249, du consentement de sa femme, il transigea avec les religieux de la Colombe, et, en 1254, il confirma les donations faites par ses prédécesseurs à l'abbaye de Prébenoît. — Hugues Ier eut deux fils : Hugues II, vicomte de Brosse, et Roger de Brosse, seigneur de Sainte-Sévère.

Hugues II, vicomte de Brosse, seigneur d'Argenton, de Dun-le-Paleteau, Châteauclop, La Motte Feuilly, Éguzon et Azerable, se maria, en 1250, avec Isabelle de Déols, et en secondes noces avec Ainore de Brissac. Quelques faits purement locaux se rattachent à cette époque : Ainsi, nous voyons continuer ces interminables querelles du vicomte avec la prévôté de l'abbaye de Saint-Benoît, qui se plaint sans cesse des empiétements que l'on fait sur ses droits. De là, de nombreuses transactions à la suite de l'intervention des archevêques de Bourges, des ducs d'Aquitaine et même de la couronne de France.

En 1281, le parlement de Paris défendit au vicomte de Brosse de tenir ses assises sur les terres de Saint-Benoit, Sacierges et Roussines, comme il prétendait en avoir le droit ; lui ordonna de révoquer le ban qu'il avait publié à Saint-Benoit, et par lequel il permettait à tout individu de venir habiter cette ville, en lui payant une muid d'avoine et une poule, et le condamna à la réparation des dommages causés par lui et ses officiers aux habitants de Saint-Benoit. Pour mettre fin à ces débats, une convention eut lieu entre Hugues et les religieux. Elle fut approuvée par une charte du roi Philippe III, donnée en 1282. Par cet acte, la juridiction de la terre de Saint-Benoit est confirmée, en y comprenant les villages de Sacierges et de l'Auberge. Le prieur de Saint-Benoit a le droit de justice, excepté le cas de meurtre, de rapt et d'incendie, qui entraîne la peine du gibet ou de mort. Le jugement ne peut se faire que par les cours féodales et ecclésiastiques réunies. D'autres droits réciproques sont en même temps établis.

Malgré la sentence royale, il y eut encore bien des différends entre le vicomte de Brosse et les religieux qui prétendaient ne pas dépendre de son autorité.

Aucune notion n'existe sur Hugues III. — Guillaume lui succéda en 1304. Vers cette époque, une partie de la ville de Saint-Benoit et ses halles ayant été détruites par le feu, le prévôt voulut les faire reconstruire. Le vicomte s'y opposa, et il fallut encore un ordre émané du souverain pour que cette construction pût être faite. Guillaume eut deux fils : Jean, l'aîné, qui fut vicomte de Brosse, et Hélie ; sa fille, nommée Jeanne, épousa, en 1310, André de Chauvigny, dit *le Sourd*, baron de Châteauroux.

La vicomté de Brosse passa, en 1317, à André, fils de Jeanne, à qui André II de Chauvigny, alors infirme, la donna de son vivant avec la gestion de ses autres biens. Ce fut cet André, vicomte de Brosse, qui défendit le château-Raoul contre le prince Noir, et dont nous avons parlé dans le préambule de notre deuxième conférence. — L'histoire des vicomtes de Brosse se mêle alors avec celle des Chauvigny.

A la mort du dernier des Chauvigny commença la décadence de la vicomté de Brosse. Elle ne fut plus regardée que comme une terre à reveuus, perdit toute son importance comme château-fort, et ne fut plus habitée par ses seigneurs, qui, possédant des terres plus agréables, n'y firent que de très-rares visites. Un capitaine du château et un sénéchal reçurent le soin d'en surveiller la conservation et la rentrée des produits.

La moitié de la vicomté, échue à la famille de Maillé, ne tarda pas à se subdiviser entre plusieurs héritiers. Ainsi, en 1503, on trouve une sentence du sénéchal, rendue entre messire Hugues de Taimont, prieur de l'abbaye de Saint-Benoît, et messires Hardouin de La Tour, Gilles de Laval et Jean d'Aumont, seigneurs de Brosse. En septembre 1536, Gilles de Laval devint seul possesseur de l'héritage des Maillé, comme on le voit par un aveu fait au roi le 17 septembre 1540. — Gilles de Laval ne tarda pas à vendre sa portion de Brosse à Louis II de Bourbon, fils aîné de la duchesse de Montpensier, entre les mains duquel se trouva réuni la vicomté entière.

L'histoire de Brosse devient complètement nulle sous les vicomtes suivants : François de Bourbon-Montpensier succéda à son père dans la vicomté en 1582 et mourut en 1592. Il fut remplacé par son fils, Henri de Bourbon-Montpensier, qui décéda en 1608. Marie, sa fille unique, épousa, en 1626, Gaston de France, duc d'Orléans, frère de Louis XIII. Elle mourut en mettant au monde la célèbre Anne-Marie-Louise d'Orléans, duchesse de Montpensier, connue sous le nom de *Mademoiselle de Montpensier*.

Pendant son exil à Saint-Germain-Beaupré, mademoiselle voulut rendre une visite à la vicomté de Brosse. Son cocher, après l'avoir conduite au château par des chemins impraticables et périlleux, lui déclara que ni menaces ni promesses ne lui feraient entreprendre le retour, et la grande dame fut obligée de revenir à cheval.

Mademoiselle de Montpensier légua, par testament, toute sa fortune à son cousin, le duc d'Orléans, frère de Louis XIV ; mais la famille de la Trémoille, qui avait des droits à cette succession, intenta un procès qui se termina, le 21 juin 1694, par une transaction avec Philippe d'Orléans, qui lui concéda le duché de Châtellerault et la vicomté de Brosse. — Du duc de La Trémoille, la vicomté de Brosse passa à ses trois fils ; les deux derniers vendirent, en 1701 et 1713, chacun leur tiers à leur frère Charles. — L'année suivante,

Charles de La Trémoille revendit Brosse et sa vicomté à Pierre Pioger, seigneur de Château-Larcher. Après le décès de Pierre Pioger, en 1750, la vicomté passa à sa petite-fille, Elisabeth de Saint-Georges de Vérac, veuve du marquis de Rambure. — Mme de Rambure conserva peu de temps la vicomté de Brosse et la vendit, en 1768, à Joseph de Fougières, seigneur de Seillant. — A la révolution de 1789, la féodalité recevant son coup de grâce, Brosse disparait pour ne plus être bientôt qu'une ruine.

Les droits seigneuriaux de la vicomté étaient considérables. Ses vicomtes avaient le droit de battre monnaie. La vicomté comprenait trois châtellenies : 1° Chaillac, 2° La Châtre-au-Vicomte, 3° Terre-aux-Feuilles. La chatellenie de Chaillac ne possédait pas moins de soixante fiefs ; celle de La Châtre-au-Vicomte en possédait trente, et celle de Terre-aux-Feuilles quarante. — Toutes ces propriétés ont été vendues en détail, et les ruines du château, aliénées comme bien national, ont été rachetées par M. Joseph de Fougières, de qui elles sont passées à son fils Antoine, et de nos jours au fils unique de ce dernier, M. Charles de Fougières de la Goutte-Bernard.

Il faut lire, sur la vicomté de Brosse, les *Recherches archéologiques*, de M. le docteur Elie de Beaufort, de Saint-Benoit-du-Sault, sur les environs de cette ville, et le mémoire de M. Desplauque, ancien archiviste de l'Indre, inséré dans les comptes-rendus de la Société du Berry et qui a pour titre : *Le prieuré de Saint-Benoit-du-Sault et les vicomtes de Brosse.*

Tout près de Saint-Benoit-du-Sault, deux petits castels méritent une mention : Montgarnaud et le Surbois. — *Montgarnaud* attire les regards par sa situation pittoresque sur un coteau escarpé au pied duquel coule un ruisseau limpide qui lui emprunte son nom. La propriété de Montgarnaud appartenait fort anciennement au prévôt de l'abbaye de Saint-Benoit. Plus tard, elle passa entre les mains de la famile Dury. En 1500, Louis Dury rendait foi et hommage de son fief à M. de Talaru, prévôt de Saint-Benoit. On trouve, en 1710, un aveu rendu au prévôt par Anselme de la Vergne, fondé de procuration de Suzanne de Couhé de Lusignan, dame de Montgarnaud. Cette dame vendit, en 1720, à noble Vézien des Ombrages, seigneur du Cluseau, le château, terre et seigneurie de Montgarnaud et dépendances. Les descendants de Nicolas Vézien revendirent, vers la fin du siècle, Montgarnaud à Fessiat des Châtres; et, en 1817, M. Alix de Lousches, père de M. Delousches de Boisrémond, décédé récemment receveur des domaines à Châteauroux, en fit l'acquisition. — La vallée de Montgarnaud offre un des sites les plus curieux de la contrée. On y trouve le contraste de l'aridité d'une roche dénudée avec une végétation luxuriante. Barrée par un banc de gneiss, une coupe naturelle donne passage au ruisseau qui bouillonne après les grandes pluies.

Le *Surbois* est de l'autre côte du ruisseau du Portefeuille. Les petits-enfants de mon oncle Fauconneau-Dutertre l'ont vendu à M. Darlac, consul de Majorque, qui doit y prendre sa retraite, et qui, en attendant, se complait à en faire un véritable musée oriental. Rien n'est plus élégant, rien n'est plus parfait que les portes découpées, que les ornements variés, que les inscriptions tirées du Coran, que les tableaux qui rappellent les vues et les costumes de l'Orient. Ce sera et c'est déjà, pour les habitants du voisinage et les étrangers, un but de promenade ou de voyage. Tous reviendront satisfaits du temps qu'ils y auront passé, et émerveillés de tout ce qui aura été offert à leur curiosité.

Je vous prierai, Messieurs, de vous transporter par la pensée au-delà de la Brenne, où nous avons à étudier les châteaux d'Argy, du Mée et de Poiriers.

Jetez d'abord un coup d'œil sur la belle figure qui se trouve à la page 289 des *Esquisses pittoresques*, et vous reconnaîtrez de suite l'importance du *château d'Argy*. L'habile crayon de M. Meyer non-seulement nous a donné un aspect de cette magnifique construction, mais encore il a dessiné, sur les côtés du texte, de très-curieux détails.

Ce n'est qu'à partir des premières années du XIIe siècle que les seigneurs d'Argy commencent à figurer dans nos archives locales. On les voit prendre une part plus ou moins grande à la fondation de diverses abbayes, faire de nombreuses donations aux églises, avoir de fréquents démêlés avec leurs voisins. Par une charte datée du quatrième jour des kalendes de juillet, Louis étant roi de France, et Léger archevêque de Bourges, Archambaud d'Argy, IIe du nom, donne, du consentement de son père, la maison qu'il possédait dans les bois du Landais (*de Landesio*) pour y fonder une abbaye, et, de concert avec Guillaume du Breuil, il dote le nouvel établissement de tous les bois du Landais et de toute la dîme.

Archambaud III assiste avec son père à la fondation de l'abbaye de Beaugerais, en 1153. Par un acte de 1184, où comparaissent Agathe, sa femme, et ses enfants, et au bas duquel ils apposent cinq croix pour signatures, il fait don à l'église du Landais de biens considérables consistant en mouvances, terres, prés, etc., en considération de quoi les moines lui ont donné, *de grâce et par charité*, quatre livres, à sa femme vingt sous, à Archambaud et Raoul, ses fils, à chacun dix sous

Archambaud IV, ainsi que ses frères, Raoul, Élie et Guillaume, sont mentionnés dans des actes de 1200, de 1208, de 1221, tantôt comme seigneurs d'Argy, tantôt en qualité de seigneurs de Palluau. A cette époque, les terres d'Argy et de Palluau étaient donc réunies dans les mêmes mains. C'est le même Archambaud qui confirme, en 1249, les donations faites par ses prédécesseurs à l'abbaye de Baugerais, dans sa terre et seigneurie d'Argy, leur accordant toutes exemptions, et ne se réservant que la haute justice pour les cas de *duel, abjuration, mutilation de membres, dernier supplice et rapt*; qui fait aveu, en 1253, de son château d'Argy et dépendances à Jean de Prie, seigneur de Buzançais ; qui est qualifié de seigneur d'Argy et de Palluau, fils de Guillaume d'Argy, dans une charte de 1260 portant fondation d'un anniversaire dans l'église du Landais. Son sceau porte un écusson burelé chargé d'une croix ancrée, et a pour légende : *Archambaud d'Argé*.

Au XIVe siècle, la terre d'Argy passe dans la maison de Brillac. Dès l'an 1324, des lettres données en faveur des religieux de Baugerais, par Philippe, dame d'Argy et de *Prengé* (Prunget), sont scellées d'un sceau parti à trois fleurs de lis d'un côté, ce qui semble bien se rapporter aux armes de Brillac, qui sont *d'azur à trois fleurs de lis d'argent*. Cependant, nous voyons Guy de Brillac, chevalier, seigneur d'Argy, *Prengé* et Chabenet, dans la confirmation qu'il fit, en 1353, des dons d'Archambaud d'Argy, son prédécesseur, à l'abbaye de Baugerais, faire encore emploi du sceau des anciens seigneurs d'Argy, qui était *burelé de dix, de douze ou quatorze pièces et chargé d'une croix ancrée*.

On a vu que, déjà à la fin du siècle précédent, les fiefs d'Argy et de Prunget étaient réunis sous les mêmes seigneurs. Nous avons rapporté une charte de Raoul de Prunget, sire d'Argy, de 1288, qui en fournit la preuve. Cette possession simultanée fut continuée jusque dans le XVe siècle. Du jeudi après la fête de saint-André 1366, dénombrement est donné à messire Guy II de Chauvigny baron de Châteauroux, par messire *Guiart de Brillac*, écuyer pour raison du château de Prunget et dépendances. Le 2e juillet 1404, Guy de Brillac, seigneur d'Argy rend pareil aveu pour Prunget ; et nous trouvons encore une sentence du 25 janvier 1407, dans laquelle ce même *Guiart de Brillac* prend la qualité de seigneur d'Argy et de Prunget.

Les Brillac se succèdent à Argy pendant encore près de deux siècles. Ce sont eux qui, bien qu'à diverses reprises ont fait construire le beau château que nous y admirons, et dont un vandalisme déplorable avait entrepris naguère la démolition complète. — Ce château avait la forme d'un quadrilatère, compris entre quatre tours de diverses hauteurs. Les fossés larges et profonds qui l'entouraient sont comblés, et l'aile du sud est a été remplacée par une maison moderne. La tour de l'ouest ou le donjon est un pavillon élevé, de forme carrée. Il est lié à la tour du nord, dite de Brillac, par un portique ouvert sur la cour d'honneur, et que surmonte une galerie ouverte aussi du même côté ; disposition qui, jointe à la richesse d'ornementation de cette partie, rappelle le portique de Louis XII au château de Blois, ouvrage de la même époque. Les piliers sont chargés de nervures en spirale, en réseau, en losange, ou couverts d'arabesques, d'armoiries, d'attributs aussi élégants que variés ; et les chiffres des Brillac, semés à profusion sur les pleins de la façade, sont entremêlés d'hermines, dont l'arrangement symétrique se reproduit au-dessus de chacun des cintres du portique. Toute cette ordonnance, à l'exception de la galerie supérieure, se continuait en retour à l'intérieur de la cour. Il n'en subsiste plus, de ce côté, que deux ou trois arcades ; le reste a fait place à des constructions récentes.

Jacques et Charles de Brillac s'étaient appliqués à embellir cette partie du château. Les initiales de leurs noms, figurés en gothique d'une belle exécution et sculptées en relief très prononcé, comme sur le portique intérieur, couvrent toute la façade du nord-est à l'extérieur, et sont jetées comme des fleurs autour des fenêtres, sur les trumeaux, sur les frontons, partout. Ces mêmes lettres forment jusqu'à cinq cordons sur la tour de Brillac, que l'on dirait de loin entourée d'inscriptions à diverses hauteurs.

Un petit oratoire était au premier étage de ce côté. Le pavé seul subsiste encore, sorte de mosaïque fort curieuse, où, parmi des arabesques entremêlées, se font remarquer plusieurs médaillons tantôt aux armes de Brillac, avec cette légende à l'entour en caractères gothiques : JACQUES DE BRILLAC, CHARLES DE BRILLAC, LOYSE DE BALSAC, tantôt aux armes de Brillac et de Balsac réunies sur le même écusson. — Louise de Balsac était femme de Charles de Brillac, et celui-ci n'existait déjà plus en 1510, ce qui fixe avant cette époque la construction de cette partie du château d'Argy.

Le ministre d'état, Le Bouthillier-Chavigny, comte de Buzançais, posséda la seigneurie d'Argy du chef de sa femme, Anne Philypeaux, et l'on voyait, il y a peu d'années, gisant au pied des murs du château, un beau bas-relief où étaient sculptées les armoiries réunies des Le Bouthillier et des Philypeaux ; ce bas-relief paraissait être du XVIIe siècle.

La terre a appartenu longtemps à la famille de La Boulaye, qui avait pour régisseur M. Héreau, de Buzançais. En 1828, elle a été achetée par M. de Lamotte ; elle a été vendue, en 1854, à une Société belge. Le château et le parc viennent d'être acquis par M. Verdier, de Clion, qui conservera, il faut l'espérer, ces beaux restes de l'architecture du moyen-âge.

Près d'Argy est le *château du Mée*, qui consiste en de grands bâtiments, flanqués de tours. Mais il y a moins à s'occuper de l'habitation elle-même que de la grande famille qui y a établi son domicile.

La *maison de Menou* est originaire du Perche, où était située, près de Châteauneuf-en-Thimerais, la seigneurie qui lui a servi de berceau et qui est appelée, dans les anciens titres, *Meno* ou *Mano*, et en latin *Menone*, *Menato*, etc. Dès que la fixité et l'hérédité des noms propres permettent d'en suivre les traces à travers les ténèbres du moyen-âge, on voit les seigneurs de Menou figurer au premier rang des chevaliers du Perche. Beaujon, généalogiste des ordres du roi, et d'Hozier, font remonter leur origine au XIe siècle, et leur nom est consigné dans des chartes du pays dès le milieu de ce même siècle, comme le constatent les recherches manuscrites de dom Housseau, conservées à la Bibliothèque nationale — Du Perche, les seigneurs de Menou allèrent s'établir en Touraine, où ils possédèrent, depuis le commencement du XIVe siècle, la terre de Boussai.

La souche a formé diverses branches qui se sont répandues dans la Touraine, le Nivernais, le Poitou, l'Orléanais, la Normandie, la Bretagne ; mais nous ne devons nous occuper ici que de la branche du *Mée de Menou*, en Berry. Faisons-en connaître les principaux membres :

Jean de Menou, seigneur de La Maisonfort, un des cent gentilshommes de la garde de Louis XI, et Philippe de Menou, son frère, archer de la même garde, appartenaient à cette branche. — *Esmon* de Menou, neveu de Jean et de Philippe, servait à la tête d'une compagnie sous François Ier, et reçut de ce prince une lettre qui lui enjoignait de marcher contre des bandes qui infestaient le Berry et la Sologne. — Dans des temps plus modernes, on trouve *François* de Menou, chevalier ; il eut quatre fils chevaliers de Saint-Louis ; l'un colonel, l'autre lieutenant-colonel, et les deux autres capitaines. Un de ces derniers périt, ainsi qu'un grand nombre d'officiers de son nom, à la bataille de Malplaquet. — *Edme* de Menou, chevalier de Saint-Louis, s'étant retiré du service après la paix d'Utrecht, fut colonel des milices du Berry. Il eut deux fils : *François* de Menou, l'aîné, capitaine au régiment de Noailles, qui fut tué à la bataille d'Ettingen ; *Esmon*, le plus jeune, capitaine de grenadiers de France et chevalier de Saint-Louis, quitta le service et eut cinq enfants qui suivirent la carrière militaire. L'aîné fut colonel du régiment, *mestre de camp général cavalerie*, puis maréchal de camp et chevalier de Saint-Louis ; le quatrième est mort lieutenant de vaisseau, et le cinquième chef de brigade.

Les représentants de cette branche ont été depuis : d'une part, le comte *Edmond*, quatorzième propriétaire, en ligne directe, du château du Mée ; il a été, pendant de longues années, membre du conseil général de l'Indre pour le canton d'Ecueillé ; son fils est M. *Esmon* de Menou ; d'autre part, il y avait M. le comte *Jules de Menou*, ancien chef d'escadron, gentilhomme honoraire de la chambre de Charles X, et chargé d'affaires de France aux Etats-Unis de l'Amérique du Nord, nommé à Gand, en 1815, chevalier de Saint-Louis. C'est lui qui est l'auteur d'un livre intitulé : *Preuves de l'histoire de la maison de Menou*.

Les armes de Menou sont *de gueules à une bande d'or*. Supports : deux anges tenant chacun une bannière ; celle de droite d'*hermine plein*, qui est Bar-

TAGNE; celle de gauche *d'azur, semé de fleurs de lis d'or*, qui est FRANCE ancienne. Cimier : un ange naissant, tenant d'une main une épée, et de l'autre une bannière : *de gueules a une bande d'or*, qui est MENOU.

Près du château de Méo est le *château de Poiriers* ; les deux parcs se touchent. Il est habité par M. le comte Arthur de La Rochefoucauld et sa famille ; il provient par succession de la famille de Monthel

Le *château d'Azay-le-Ferron*, dont nous allons dire quelques mots, ne passe pas pour appartenir à la Brenne, bien qu'il n'en soit que très-peu éloigné. Il est situé à moitié chemin de la route de Châtillon à Tournon. Les *Esquisses pittoresques* en donnent une très-bonne figure. Il est de deux époques différentes. D'abord, c'est une belle tour avec un corps de bâtiment, puis un grand pavillon carré plus ornementé. Ils sont réunis par une petite construction en retraite. Ce château fut bâti par Louis de Crévant, seigneur de Lingé. Le maréchal d'Humières, arrière-petit-fils de ce seigneur, y naquit en 1628. La date de 1572, inscrite à l'une des fenêtres du grand pavillon, est celle de la construction de cette partie du château. Le marquis de Sancé, membre de l'Assemblée provinciale du Berry avant 1789, a été seigneur d'Azay-le-Ferron. Cette grande propriété, après avoir passé aux mains de M. Michel, est advenue, par suite d'une vente, à la famille Luzarche

Avant d'écrire une cinquième conférence qui aura pour sujet les châteaux de la Brenne, je dois réparer quelques omissions. C'est ainsi que je n'ai pas parlé du petit *château de Maron*. Il a été acquis, vers la fin du XVI.e siècle, par Lassée qui, avec son parent Bertrand-Dupeyrat, avait suivi la fortune du grand Condé et était venu s'établir à Châteauroux avec ce prince. Ce petit château est resté dans cette famille et appartient aujourd'hui à M. Eugène Baucheron de Lécherolle. On remarque dans la mansarde de cet édifice une fenêtre richement sculptée, qui n'est qu'indiquée dans les *Esquisses pittoresques*, et qui mériterait d'être reproduite par le crayon.

Près de Maron, on rencontre deux petits châteaux ; l'un moderne, appelé *la Tremblaire*, appartient à la famille Patureau-Miran ; l'autre, plus ancien, est celui de *Sainte-Fauste* ; il est en la possession de la famille Ouvrard.

Il faut encore particulièrement noter, dans la commune de Maron, le splendide *château de Resay*, pour lequel M. Tailhandier, son propriétaire, a employé le talent de M. Dauvergne. Ce château, situé dans une plaine entourée de bois, est remarquable par son élégante structure et par sa distribution générale On y remarque un plein-pied magnifique, orné d'un riche mobilier. M. Tailhandier l'habite toute l'année avec sa famille. Les bois qui l'entourent en font un pays de chasse. On est sûr d'y trouver la plus aimable réception.

Près de là, est l'habitation de *Montaboulin*, qui appartient à la famille Trumeau. — Le *château de Thizay*, sur la route d'Issoudun à Châteauroux, est habité par M. des Méloises, conservateur des forêts en retraite ; il provient de son beau-père, M. Thabaud de Linetière, ancien député de l'Indre. *Chezal-Garnier*, habitation de plaisance de M. Magnard du Vernay, tire son nom d'un fermier général des gabelles, qui l'a bâti il y a deux cents ans.

On m'a signalé, près de Chabris, le *château* moderne de *Campois*, appartenant à M. Vallin. — J'ai vu tout récemment, à Vatan, un vieux castel qu'on appelle *la Chantrerie* et qui est habité par le docteur Brynck. On sait qu'autrefois le premier chantre de l'église était un personnage. — Je noterai, près de Vatan, dans la commune de Guilly, où se trouve le château de La Chesnaie, l'agréable habitation appelée *le Prieuré*, et qui appartient à ma parente, Mme veuve Lemor. — A peu de distance, sont les habitations des familles de *Lignac* et de *Fougières*, l'une appelée Fontenay et l'autre la Dime.

Au-delà du Blanc, il faut encore noter le *château de Benavent*, appartenant à M. le comte de Poix, et près de Levroux la jolie *maison de Ferrières*, habitée par M. de Curel, ex-capitaine du premier bataillon des mobiles de l'Indre, celle de *Villours*, par M Boncs-et, ainsi que le *vieux château du Boisd'hau*, occupé par le fermier, et d'où dépend une belle terre, dont le possesseur est M. Théodore Patureau.

APERÇU GÉNÉRAL

SUR

LES CHATEAUX DU BAS-BERRY.

Cinquième Conférence.

Messieurs,

Avant de passer en revue les châteaux de La Brenne, je crois devoir jeter un coup d'œil sur ce singulier pays, autrefois plongé dans une misère affreuse, et aujourd'hui régénéré par les mesures prises en sa faveur au commencement du second empire.

La Brenne comprend environ vingt communes, cent mille hectares dont six mille d'étangs, et vingt mille habitants, soit par kilomètre carré vingt habitants, et par lieue carrée trois cent vingt habitants.

Deux faits saillants se remarquent dans ce pays : 1° L'existence d'une grande surface d'étangs; 2° l'imperméabilité d'une partie du sous-sol. Cette imperméabilité est due à un grès à grains de quartz et à ciment argileux. La Claise est la seule rivière qui le traverse. Ses ruisseaux sont le Suin, les Cinq-Bondes et l'Yozon; le premier se jette dans la Creuse et les deux autres dans la Claise. Il résulte des nivellements qui ont été pris que la pente est partout suffisante pour l'écoulement des eaux.

Si l'on en croyait d'anciennes chartres, La Brenne, aux temps mérovingiens, n'aurait rien eu à envier aux cantons les plus favorisés. Mais les choses avaient bien changé depuis le temps où Dagobert chassait dans cette contrée. Les abbayes de Saint-Cyran et de Méobecq, fondées à cette époque, pour se procurer du poisson, avaient créé des étangs, ce qui était facile sur un sol imperméable, et cet exemple ne fut que trop suivi. Ces réservoirs d'eau étaient en même temps nécessaires pour abreuver les bestiaux. L'abandon du pays à lui-même, à ses intérêts égoïstes et bornés, l'absence d'un gouvernement éclairé et vigoureux, la négligence et le défaut de surveillance avaient laissé dépérir les bois, lesquels furent remplacés par cet entrelacement de plantes qui constituent ce qu'on appelle les *brandes*.

La Brenne, au commencement du siècle actuel, en était arrivée à l'état misérable signalé par Dalphonse, le premier préfet de l'Indre, et décrit, comme il suit, par cet éminent administrateur dans son *Mémoire statistique* : « Aucune voie de communication ne dessert La Brenne. Elle est à peu près démeurée étrangère au reste du pays. Devenue le sujet des contes les plus ridicules et les plus absurdes, elle est pour les contrées environnantes un sujet de terreur ou de pitié. La fièvre y sévit, et la population détériorée diminue chaque année. »

Son triste état a été exposé par d'autres citoyens éclairés. M. Boudin, administrateur du district de Châteauroux et député de l'Indre à la Convention nationale ; M. de Marivault, en 1845 ; M. Aristide Dumont, ingénieur, en 1853 ; M. Louis Crombès, en 1857 ; M. Bernard, inspecteur général des ponts-et-chaussées ; les docteurs Lambron et Rigodin ; M. Navelet, de Mézières, conseiller général ; M. le comte de Bryas, député de l'Indre ; le vénérable et savant M. de La Tramblais, etc., ont exposé des systèmes et proposé des remèdes. Leurs cris de douleur et de compassion ont fini par être entendus.

Je ne puis résister au plaisir de citer les lignes qui terminent l'introduction du *Mémoire statistique* du préfet Dalphonse : « Heureux, disait-il, si en acquittant un des devoirs les plus difficiles de l'administration qui m'a été confiée, j'obtiens, pour prix de mes efforts et de mes travaux, de fixer la sollicitude du gouvernement sur un département qui en a plus besoin qu'aucun autre, et auquel quelques-uns de ses regards vivifiants suffiraient peut-être pour lui donner une existence nouvelle. Heureux encore, si, en dévoilant aux habitants de ce département leurs propres ressources, je parviens à vaincre leur apathie, première cause de leur infortune, et à les porter à mettre à profit les dons que ne leur a point refusés la bienfaisante nature. »

Les guerres empêchèrent le premier consul, devenu empereur, de jeter sur nous *ses regards vivifiants*; mais il a appartenu à son neveu de nous dédommager de cette omission. D'après un décret du 29 février 1860, on a fait, sur ce malheureux pays, 225 kilomètres de routes agricoles. Un million de francs a été consacré à ces travaux, et, en outre, trois cent cinquante mille francs ont été destinés à entretenir les routes pendant cinq années.

Ces routes ont rendu les communications faciles et ont apporté l'aisance. Mais ces voies nombreuses de communication ne suffisaient pas pour assainir le pays ; il fallait y joindre *le curage des cours d'eau* et *l'amélioration des étangs*. L'Etat a concouru pour plus de cent mille francs pour le curage, et le conseil général a complété la mesure en créant des syndicats dans le but d'établir la contribution que les particuliers devaient fournir. La question des étangs était plus difficile à résoudre. On les a divisés en trois classes : 1° Etangs non-insalubres ; 2° étangs insalubres, mais pouvant être assainis par des travaux ; 3° étangs tout-à-fait insalubres. Les commissions ont visité six cent trente-quatre étangs; après les avoir examinés avec soin, et classés avec la plus grande impartialité, on a décidé que, si l'intérêt général autorisait l'administration à exiger le dessèchement de certains étangs, et l'exécution des travaux qui feraient cesser l'insalubrité de quelques autres, la justice prescrivait impérieusement d'accorder, dans tous les cas, des indemnités proportionnées au préjudice qui en résulterait pour les propriétaires.

Ce complément des travaux a rendu, avec l'aisance générale, la salubrité et la prospérité au pays. Les fièvres, aujourd'hui, ne s'y montrent pas plus que dans les autres parties du département. De nouvelles constructions se font partout remarquer. Les routes bien entretenues sont parcourues par des voitures de toutes espèces, par d'élégants équipages. Les fils télégraphiques annoncent les relations qui se sont établies avec les autres parties du territoire. De nouveaux châteaux ont été construits, et les anciens ont été réparés.

Avant de m'occuper des châteaux de La Brenne, je dirai quelques mots de ses anciennes abbayes. Ce sont celles de Saint-Cyran et de Méobecq.

L'abbaye de Saint-Cyran fut fondée vers 632, par Saint-Cyran, fils de Sigélaic, archevêque de Tours et ancien comte de Bourges, sur un domaine situé sur les bords de la Claise, qui lui fut donné par Flaocad, l'un des favoris de Dagobert Ier. Cette abbaye fut longtemps illustre. Elle se glorifie d'avoir eu parmi ses membres le savant Lancelot, auteur du *Jardin des racines grecques*. Mais, après dix siècles de durée, l'orage éclata sur cette maison. Sous la prélature de Duvergier de Hauranne, l'archevêque de Bourges vint, par ordre supérieur, à Saint-Cyran pour examiner la conduite des moines sectateurs de Jansénius. A son approche, ils levèrent le pont-levis et refusèrent de le recevoir. Dès ce moment, la destruction de Saint-Cyran fut résolue par Louis XIV L'abbé et les religieux furent arrêtés ou dispersés. L'abbaye, devenue déserte, fut en partie démolie, et lorsque plus tard (1739), on vendit à l'encan les meubles et les matériaux, il ne resta plus de l'église que le chœur et le logis abbatial; cette propriété fut vendue en 1792.

Le logis abbatial, qui a été arrangé et habité par une dame Bon, forme une charmante demeure, au milieu d'un beau parc entouré par les eaux de la Claise. Aujourd'hui, la propriété appartient à M. Brantôme, ancien négociant. Les annonces publiques font connaître qu'elle est mise en vente dans les conditions suivantes : château en parfait état; 400 hectares; revenu vingt mille francs, mise à prix deux cent mille francs.

J'ai déjà parlé de l'abbaye de Méobecq dans ma première conférence, à la page 14 de cette brochure, et je n'ai pas à y revenir. — Il faut maintenant passer aux châteaux de La Brenne.

Je vais commencer par celui de *Mézières*, cette ville étant le chef-lieu de canton de La Brenne. Des familles illustres en ont fait leur demeure. Nous ne pouvons omettre de les faire connaître. Les documents ne manquent pas. Nous avons d'abord l'intéressante notice que M. de La Tramblais a insérée dans les *Esquisses pittoresques*, puis un travail des plus curieux dû à M. Desplanque, ancien archiviste de l'Indre, travail contenu dans le onzième volume des *Comptes-rendus de la Société du Berry*, enfin, et surtout, la savante *généalogie des seigneurs de Brenne*, par M. le comte de Maussabré; on la trouve dans le troisième volume des mêmes comptes rendus de la Société du Berry.

Il y avait, vers 1012, un Gilbert, Girbert ou Gerbert de Brenne, lequel souscrivit, à la prière d'Eudes de Déols, l'acte de fondation du chapitre de Levroux. Ce Gerbert de Brenne paraît avoir eu pour descendant Pierre de Brenne, qui vivait à la fin du XIe siècle. —

Une femme du nom de Maïentie, héritière de Mézières et de Châtillon en partie, épousa, en 1098, Robert Ier, seigneur des Roches, en Touraine. Ce fut alors que beaucoup de fiefs, sis en dehors de La Brenne, aux portes mêmes de Châtillon-sur-Indre, commencèrent à relever du château de Mézières.

Robert des Roches eut, de son mariage avec Maïentie, Robert IIe des Roches, des mains de qui la seigneurie de Brenne passa successivement à ses deux fils : Geoffroy Ier de Brenne et Robert III des Roches. Robert III donna lui-même le jour à deux enfants qui se succédèrent dans Mézières : Geoffroy IIe de Brenne, mort sans postérité, et Guillaume de Brenne, père de Jeanne de Brenne.

Jeanne de Brenne fut mariée à Henry III, seigneur de Vierzon. Jeanne de Vierzon, leur fille unique, épousa en 1280 Geoffroy ou Godefroy de Brabant, sire d'Arcot, qui fut tué à la bataille de Courtray.

Alix de Brabant, fille de Godefroy, épousa en 1302 Jean III sire d'Harcourt. Jean III eut pour fils Jean IV, qui mourut à Crécy en 1346, et Louis d'Harcourt, à qui la seigneurie de Mézières fut octroyée en apanage après la mort de son frère. Cette seigneurie rentra momentanément dans la branche d'Harcourt sous Jean VI, petit-neveu et héritier de Louis Ier, dont on constate encore l'existence en 1373. Jean VII, son fils aîné et successeur, détacha de ses domaines, en 1404, la seigneurie de Mézières et autres, au profit d'un second Louis d'Harcourt, archevêque de Rouen, son frère. Après la mort de ce prélat, en novembre 1422, Jean VII reprit possession de la seigneurie de Mézières, qu'il échangea, en 1445, avec Charles d'Anjou, comte du Maine.

Charles Ier fit don de la seigneurie de Mézières à son fils bâtard, Louis du Maine, par lettres du 10 mars 1465 ; celui-ci la transmit, en 1489, par voie de succession, à René d'Anjou, son fils, qui eut, de son mariage avec Antoinette de Chabannes, Nicolas d'Anjou, premier marquis de Mézières.

Renée d'Anjou, fille de Nicolas, vit le jour à Mézières, le 21 octobre 1550. Mariée, en 1566, à François de Bourbon, duc de Montpensier, elle fit entrer dans cette dernière famille l'héritage de Brenne des d'Harcourt et des d'Anjou. — Henri de Bourbon, issu de l'alliance de François et de Renée, naquit à Mézières le 12 mai 1573. Il fut père de Marie de Bourbon, mar quise de Mézières, etc., laquelle épousa, le 6 août 1626, Gaston d'Orléans (frère du roi Louis XIII), d'où sortit la grande Mademoiselle.

Depuis ce moment, le château de Mézières est resté veuf de ses maîtres. Mademoiselle, aimant mieux le séjour de Saint-Fargeau et se souciant peu de Mézières, vendit cette terre, en 1669, à messire Isaac Bartet, conseiller du roi en ses conseils, ci-devant secrétaire de la chambre et du cabinet de Sa Majesté, résidant pour la couronne de Pologne en la cour de France, et à dame Riollan, son épouse, pour la somme de 180 mille livres. En 1692, le seigneur Bartet vendit, à son tour, la terre et marquisat de Mézières à haut et puissant seigneur Louis de Rochechouart, duc de Mortemart, pair de France, moyennant la somme de 200 mille livres. Ensuite, le seigneur, duc de Mortemart, céda le marquisat de Mézières à haut et puissant seigneur Louis-Antoine de Pardaillan de Gondrin, duc d'Antin, pair de France, etc.

Mme la duchesse de Beauvilliers, dame de Buzançais, retira sur le seigneur duc d'Antin le marquisat de Mézières, par droit de retrait lignager. Ensuite, la même dame l'échangea au même duc d'Antin, qui, conjointement avec Mme Julie-Françoise de Crussol d'Uzès, son épouse, le vendit, par acte du 31 mai 1732, à haut et puissant seigneur messire Hubert de Courtarvel, marquis de Pezé, etc., pour la somme de 340 mille livres. — Le marquis de Pezé étant mort d'une blessure reçue à la bataille de Guastalla, laissa pour héritières Marie-Elisabeth et Louise-Madelaine de Pezé, ses filles. Marie-Elisabeth étant morte en 1736, sa sœur Louise-Madelaine resta unique héritière. Elle épousa haut et puissant seigneur Messire Armand-Mathurin, marquis de Vassé, qui devint seigneur du marquisat de Mézières.

Par acte du 20 décembre 1785, passé devant Sauvaige, notaire à Paris, le marquis de Vassé vendit le marquisat de Mézières et la terre de Nots-Maraffin à Mlle Marie-Suzanne-Françoise d'Argouges, décédée le 9 brumaire, an II, laissant pour héritière dame Louise-Henriette-Françoise d'Argouges, sa nièce, épouse du prince de La Trémouille-Talmont, fusillé en Vendée. — Le 8 messidor an XII, suivant acte de Louveau, notaire à Paris, Mme de Talmont vendit les terres de Mézières et de Nots à M. Nicolas Olery, qui les revendit, le 16 pluviôse an XIII, à Michel jeune, par acte reçu par Pezet, notaire à Paris.

Le domaine du marquisat de Mézières a été depuis démembré. La partie principale des bâtiments (jardins et fossés du château), a été acquise en 1839 par la commune de Mézières, qui y a établi la mairie, la justice de paix, l'école primaire, la gendarmerie, un champ de foire, etc.

Le château de Mézières avait été bâti sur pilotis au bord de la Claise. La rivière remplissait autrefois le grand fossé qui était autour du jardin et du château. L'avenue du château était à un coin de la place du Marché, et masquée par le bâtiment de l'audience. On entrait dans la cour par un pont-levis. Cette cour était fort irrégulière, mais elle était ornée, d'un côté, d'un beau fer-à-cheval pour monter dans un des appartements, et d'une belle terrasse du côté du jardin, le tout fermé par une balustrade de pierre à hauteur d'appui. A l'un des bouts de la terrasse était la chapelle de saint Léonard, fondée, dit-on, par Jeanne de Vierzon, elle devait trois messes par semaine. M. Navelet a eu la bonté de me confier un plan de la ville de Mézières, dressé par lui-même, et sur lequel on reconnaît encore toutes les dispositions qui viennent d'être énumérées. Dans l'état où se trouvent à présent les bâtiments qui constituaient le château, on aurait peine à croire qu'ils aient été la demeure de puissants seigneurs.

L'église de Mézières a été fondée par Alix de Brabant. Cette princesse, devenue veuve de Jean d'Harcourt, s'occupa de fondations pieuses et d'établissements utiles. Elle plaça l'église sous l'invocation de sainte Marie-Madelaine ; elle y attacha une trésorerie, six canonicats et quatre vicairies, et la dota de grands biens et de privilèges étendus. Les deux actes de cette fondation sont datés de 1339. — Louis d'Anjou, par son testament du 19 mars 1488, ordonna la construction de la chapelle de gauche et la désigna pour sa sépulture. Mais la chapelle, dite d'Anjou, qui s'élève à droite du chœur, est un monument historique d'un haut intérêt. René, en la fondant, par ses lettres du 19 juin 1522, avait voulu qu'elle fût semblable à celle dite de Chaumont, dans l'église des Cordeliers d'Amboise. Nicolas la fit construire en 1543, et l'évêque d'Hébron la consacra le 13 mars 1559, en y mettant les reliques de sainte Osebelle. — Les vitraux rappellent la famille des fondateurs. Dans une première fenêtre, Louis d'Anjou et Anne de La Trémouille ont pour pendants saint Louis et sainte Anne, leurs patrons. René d'Anjou et Antoinette de Chabannes sont peints sur une autre, ainsi que saint René et saint Antoine. L'un des panneaux de la troisième a été en grande partie détruit, et l'on ne voyait plus que les images des saints patrons de Nicolas d'Anjou et de Gabrielle de Mareuil, mais ces personnages ont été rétablis. Auprès de toutes ces figures sont peintes les armoiries propres à chacune d'elles, ainsi que les chiffres formés par les initiales de leurs noms. — Les armes de Brabant et d'Harcourt se reproduisent sur les traverses et les montants qui soutiennent la voûte de l'église. Tous ces écussons, appliqués à des pièces de bois, peintes en rubans de diverses couleurs, présentent un aspect singulier.

De tous les châteaux de La Brenne celui du *Bouchet* est le plus remarquable. De quelque côté qu'on arrive, il se présente à votre vue. De l'extrémité la plus éloignée de La Brenne, vers les sources de la Claise, de la crête du plateau dont les eaux coulent dans la Creuse ou dans l'Indre, on le voit encore. C'est le phare qui vous guide, si vous venez à vous égarer. Aucune position ne saurait se comparer à celle du Bouchet. Le château a été construit sur le plus haut des mamelons si fréquents en Brenne. Un fossé large et profond, entaillé dans la roche vive, entoure le sommet du cône où a été placée cette vaste construction. Le rebord extérieur ne présente qu'un étroit sentier entre la coupure à pic du fossé et les escarpements des pourtours de la montagne.

L'origine de la forteresse remonte à la plus haute antiquité. Sans parler des Gaulois et des Romains qui ont pu utiliser son site important, on sait que, dès les premières années du XIIIe siècle, un château y fut élevé. On rasa le sommet de la butte pour en faire une plateforme circulaire de trois cents mètres de tour. La construction forme un carré très-irrégulier. Sa façade principale est exposée au levant. Au milieu de cette façade se présente le donjon, dont le pied plonge au fond du fossé, et de là jusqu'aux créneaux; il mesure près de quatre-vingts pieds de haut sur trente de large. Vers le tiers de sa hauteur, et au niveau de la crête du fossé, il est percé d'une porte étroite au devant de laquelle se repliait le pont-levis. Au-dessus de la porte, on voit encore les rainures profondes où venaient s'embolter les leviers du pont. Ce donjon forme quatre étages, dont le dernier, plus orné, était l'appartement du seigneur.

A gauche du donjon, deux autres corps de logis se replient vers le sud; le dernier, arrondi en forme de tour, et percé à une grande élévation d'une longue et étroite fenêtre cintrée, servait de chapelle. A droite, au nord, s'allonge une courtine massive, dont les trois angles sont fortifiés par deux tours rondes et un bastion carré. Ces constructions, percées seulement d'étroites meurtrières, offrent, dans leur ensemble, beaucoup des caractères de l'architecture militaire du XIIIe siècle; mais elles ont été profondément modifiées dans la seconde moitié du XVe. C'est alors qu'on a élargi les fenêtres supérieures du donjon, coupées par un meneau en croix, et couronné le sommet des murs par une galerie de machicoulis. Le donjon seul a conservé le parapet crénelé qui protége le chemin de ronde et les machicoulis. Les murailles n'ont plus que les encorbellements allongés et saillants qui supportaient les créneaux.

Les façades qui regardent l'ouest et le sud ont été complétement refaites au XVIIe siècle, et les bâtiments ont été arrangés pour une grande et luxueuse habitation seigneuriale.

Le premier seigneur que l'on voit apparaître au Bouchet est Guy Sénébaud. Au mois de juillet 1205, à Chinon, il garantit au roi Philippe-Auguste la fidélité de Geoffroy de Palluau, jusqu'à concurrence d'une somme de deux cent cinquante marcs d'argent. Au mois de septembre 1209 il engage toute sa terre du Bouchet comme gage de la fidélité de son ami. En même temps, Guy Sénébaud et le vicomte de Brosse se portent caution de la fidélité de Garnier, seigneur du donjon du Blanc. Quelques jours plus tard, le seigneur du Bouchet, celui du donjon et quelques autres, suivent le roi à Loudun, et garantissent, jusqu'à concurrence de cent marcs d'argent, chacun, la promesse que fait Gaudin de Romefort de ne pas attaquer Philippe-Auguste, et de ne lui porter aucun préjudice. Guy Sénébaud, de concert avec Etienne de Graçay, promet encore à Philippe-Auguste, en janvier 1211, à Moret, que Geoffroy de Palluau lui rendra sa forteresse chaque fois qu'il en sera requis, à grande et petite force. En même temps que la seigneurie du Bouchet, Guy Sénébaud possédait une partie de la baronnie de Cors, et au mois de février 1212, à Paris, il déclare qu'il remettra sa forteresse de « Cours » à la volonté du roi. Au mois d'avril 1214, à Saumur, il fournit au roi la liste de ses « pleiges » pour la maison du « Boschet ». La même année, à Tours, Philippe-Auguste le nomma chevalier Banneret.

Le nom de Sénébaud, accompagné du titre de seigneur du Bouchet et du Blanc se trouve sur une liste des chevaliers de Touraine. — Un des derniers actes de la vie du seigneur du Bouchet fut une œuvre de bienfaisance : En 1218, il donna en pure et perpétuelle aumône aux frères de la milice du Temple, résidant au Blison, tout ce qu'il possédait à La Haye-Moret, dans la terre du Peux, dans celle de Baudressais, paroisses de Douadic et de Lingé, et Fontgombaud.

Il mourut peu de temps après, car en 1222, Geoffroy de Palluau, son proche parent, eut la tutelle de ses enfants mineurs.

C'est à Guy Sénébaud qu'est due la fondation du château du Bouchet. C'est là qu'il avait établi le chef-lieu de ses vastes possessions. Par ses alliances il était devenu successivement châtelain de Cors et d'une partie de l'importante seigneurie du Blanc. Ses domaines s'étendaient dès-lors sur les paroisses de Fontgombaud, Lingé, Rosnay, Migné, Oulches et Saint-Cyran du Blanc.

Le successeur de Guy Sénébaud fut son fils Aimery. Ce nouveau seigneur se fit un gloire d'imiter son père dans ses largesses envers les Templiers du Blison. En 1239, pour le salut de son âme et de celles de ses parents, il fit don à ces religieux des droits qu'il avait dans le bois du Sablon, du droit de pacage, pour leurs hommes du village de La Jarrie, dans tout son domaine du Blanc et du Bouchet, et du privilége, pour ses frères, d'y chasser toutes sortes de bêtes.

Aimery Sénébaud laissa deux filles. L'aînée, épouse de Guy de Clérembaud, lui transmit la portion dont jouissait son père de la châtellenie du Blanc. Ce chevalier, en 1269, rendit foi et hommage à Alphonse de France, comte de Poitou, à cause de cette seigneurie.

La seconde fille d'Aimery Sénébaud fut mariée à Jacquelin de Maillé qui devint, par cette alliance, seigneur du Bouchet. Il est ainsi qualifié en 1272 : « *Jacquelinus de Bocheto*, » époque à laquelle il jura la trêve de Dieu dans l'église de Saint-Gaultier. Jacquelin mourut sans postérité, et ses fiefs passèrent à son beau-frère,

Guy de Clérembaud, car ce dernier, déjà seigneur du Blanc, est, en outre, titré en 1283 et 1308 de seigneur du Bouchet. Guy ne jouit pas longtemps de ses riches domaines ; il les laissa bientôt par sa mort en héritage à son fils Guillaume.

Guillaume de Clérembaud suivit bientôt son père dans la tombe ; il n'existait plus en 1318, car, en cette année, sa veuve, nommée Aiglantine, porte le titre de dame du Bouchet.

La châtellenie du Bouchet entra alors dans la *maison de Naillac*, probablement par suite d'une alliance avec celle de Clérembaud. Les Naillac étaient rangés parmi les plus illustres et les plus puissants chevaliers du Berry, et leur pennon d'azur à deux lions d'or passant, se trouva au premier rang de la mêlée dans plus d'une célèbre bataille. L'un d'eux, Hugues, avait épousé, du temps de Philippe-Auguste, une des sœurs de Hugues de Fontenilles, seigneur du Blanc. Depuis cette époque, et pendant plus de quatre siècles, ils possédèrent ce grand fief, auquel ils joignaient les riches seigneuries de Gargilesse, Châteaubrun, Bridiers, Montipouret, Mondon, etc. Les uns occupèrent les premières charges à la cour ; les autres s'illustrèrent dans l'ordre de Saint-Jean de Jérusalem. Pierre de Naillac, cinquième du nom, seigneur de Gargilesse, du Blanc en partie et du Bouchet, avait épousé Héliette de Prie, dont il n'eut pas d'enfants. Il mourut vers 1368, et l'année suivante, la seigneurie du Bouchet passa à ses héritiers, Perret et Geoffroy d'Oradour.

André d'*Oradour*, chevalier, fils de Geoffroy, devint, à la suite de ce dernier, seigneur du Bouchet, probablement en 1428 ; car, cette année, son fils aîné, Jean d'Oradour, porteur de sa procuration, rendit hommage, pour sa châtellenie, au seigneur de Châteauroux. André d'Oradour avait épousé Annette de la Roche-Dragon, dont il eut sept enfants. L'un des fils d'André d'Oradour, Loïs, surnommé Sénébaud ou Sandebaud, fut son héritier dans la seigneurie du Bouchet. Il en fit l'aveu de foi et hommage au seigneur de Châteauroux le 11 octobre 1434, et le dénombrement à la Saint-Martin de la même année. En 1445, Loïs d'Oradour, qualifié de noble et puissant, transigea, au sujet d'une somme de 200 livres tournois, avec son beau-frère, Geoffroy Taveau, chevalier, baron de Mortemer, Lussac-le-Château, etc., agissant au nom de sa femme, Marie d'Oradour. Loïs d'Oradour mourut sans postérité, probablement cette même année, et ses fiefs passèrent dans les mains de sa sœur Marie et de son beau-frère Geoffroy Taveau.

A ses titres *Geoffroy Taveau* ajouta alors ceux de seigneur et châtelain du Bouchet, Migné et Dasdé, et il rendit hommage pour ces nouveaux fiefs le 17 octobre 1451. Geoffroy II, fils de Geoffroy Ier et de Marie d'Oradour, épousa, vers 1452, Guyonne de Chabanais, dont il eut cinq enfants. — L'aîné de ses fils, Geoffroy III, transigea, en 1477, avec l'abbé de Nanteuil. Il épousa Philippe de Souza, dont il eut un fils, Charles Taveau, qui mourut sans postérité — La seigneurie du Bouchet passa alors au second fils de Geoffroy II, Léonnet ou Lyonnet, qui épousa, en 1495, Jeanne Frottier. De ce mariage naquit une fille, Renée Taveau. Renée fut fiancée, le 16 novembre 1509, à François de Rochechouart, seigneur de Mortemart, prince de Tonnay-Charente, chevalier de l'ordre du roi, qui n'avait encore que sept ans.

Depuis l'année 1509 jusqu'à la Révolution, c'est-à-dire à peu près pendant 300 ans, les châtellenies du Bouchet, Migné et Dasdé restèrent en la possession de la maison de Rochechouart. Issue, vers l'an mil de la famille des vicomtes de Limoges, celle de Rochechouart a toujours compté parmi les plus illustres de France. Elle est aussi célèbre par l'importance des fiefs et des titres qu'elle a possédés, que par les hommes remarquables qu'elle a produits. Ses seigneuries étaient nombreuses en Berry. Ses armes sont : *fascé, ondé d'argent et de gueules de 6 pièces ;* sa devise : *Ante mare undæ*. François de Rochechouart, fiancé à sept ans, avait épousé Renée Taveau. La jeune fiancée eut en dot les châtellenies du Bouchet, Migné et Dasdé, et les fiefs de Verrières et de Lussac le-Château en Poitou. François était le dixième seigneur de la branche de Mortemart. A l'âge de porter les armes, il conduisit l'arrière-ban de la noblesse de Poitou au siége de Perpignan, et mérita, par les services signalés qu'il rendit aux rois François Ier et Henri II, d'être fait chevalier du Saint-Esprit.

Une aventure extraordinaire arrivée à Renée Taveau, femme de François de Rochechouart, fit grand bruit par toute la France. Tombée en léthargie, on la crut morte. Un domestique, qui avait remarqué à l'un de ses doigts un magnifique diamant, s'introduisit pendant la nuit dans le caveau funéraire, et ouvrit le cercueil pour s'emparer du bijou. Mais, tout à coup, à la grande épouvante du larron, la morte le repoussa, se dressa debout au milieu de la bière; puis, trainant après elle son linceuil, gagna son logis, et vécut ensuite de longues années. Le valet fut conduit au terrier de justice et pendu.

François de Rochechouart eut deux filles et un fils. Ce dernier, René, baron de Mortemart, etc., s'illustra par sa bravoure et ses glorieux services. Dès l'âge de 15 ans, il avait accompagné son père au siége de Perpignan, et depuis il resta toujours armé pour le service du roi. Il se trouva au siége d'Epernay, à la défense de Metz en 1552; à Hesdin où il fut pris les armes à la main. A l'attaque de Vulpian, où il commandait cent gentilshommes, il emporta d'assaut la ville basse; il se distingua à la prise de Calais, de Bourges, de Poitiers, de Rouen, de Saint-Jean-d'Angely, de Lusignan; il combattait au premier rang de l'armée du roi aux batailles de Saint-Denis, de Jarnac et de Moncontour, en 1569.

A ce dernier combat, le maréchal de Tavannes fut tellement émerveillé du brillant courage et de l'habileté militaire du baron de Mortemart, qu'il voulut faire alliance avec lui. En effet, l'année suivante, il lui donna en mariage sa fille, Jeanne de Saulx.

René de Rochechouart avait servi sous cinq rois. Charles IX le fit chevalier de son ordre, et Henri III, en 1580, lui donna le collier du Saint-Esprit. Ce grand homme mourut le 16 avril 1587, âgé de 6[illegible] ans, et fut inhumé aux Cordeliers de Poitiers. Il laissait neuf enfants.

Deux ans après sa mort, profitant sans doute du veuvage de Jeanne de Saulx et du jeune âge de ses enfants, dont l'aîné n'avait guère plus de seize ans, un sieur Beauvoisin, à la tête d'une troupe de bandits, s'empara par surprise du château du Bouchet, le jour de Saint-Hilaire, 15 janvier 1589. Pendant sept semaines qu'il fut maître de la place, il fit main basse sur tout ce qu'il put piller. Il fit emporter les meubles, le linge et tous les objets de prix : outre la richesse des seigneurs, les habitants des environs avaient transporté dans l'enceinte de la forteresse leurs meubles et tout ce qu'ils avaient de précieux, car chacun cherchait à se mettre à l'abri des ligueurs qui tenaient la campagne. Il ne fallut rien moins que l'intervention de Henri IV pour mettre fin à cet odieux pillage. Pendant son séjour au Blanc, cédant aux supplications de la veuve de René de Rochechouart, ce prince se mit en devoir d'assiéger le château du Bouchet et d'en chasser Beauvoisin. Celui-ci n'attendit pas une attaque de vive force, et prit la fuite avec tous ses suppôts; mais il eut soin auparavant de livrer aux flammes tout ce qu'il ne put emporter, entre autres un grand nombre de coffres pleins des titres et des papiers du château. Plus tard, ce brigand fut condamné à Poitiers à avoir la tête tranchée.

Gaspard de Rochechouart succéda à sa mère dans les châtellenies de Bouchet, Migné et Dasdot. Il servit avec éclat sous les rois Henri III et Henri IV. En 1600, il épousa Louise, comtesse de Maure, fille de Charles comte de Maure, et de Diane D'Escart. Quelques années, avant sa mort, qui arriva le 25 juillet 1643, il avait donné partage à ses deux fils, Gabriel et Louis.

Gabriel, l'aîné, devint premier gentilhomme de la Chambre en 1630, et chevalier des ordres du roi en 1633. Il obtint de Louis XIV l'érection du marquisat de Mortemart en duché-pairie, par lettres du mois de décembre 1650 ; enfin, il fut nommé gouverneur de Paris en 1669. — En conséquence du partage fait par Gaspard de Rochechouart entre ses fils, Louis, le second, devint Seigneur du Bouchet, Migné et Dasdé, et comte de Maure, de Montulais, de Beaumont-le-Roger et autres places. Dans un titre de 1668, il est qualifié de Chevalier des ordres du roi, son Conseiller d'état et privé, grand Sénéchal de Guyenne. Il épousa Anne Dony d'Attiçhy, dont il n'eut pas d'enfants. Louis de Rochechouart soutint un long procès contre l'abbé de St-Cyran, Martin de Barcos, neveu et successeur du fameux Duvergier de Hauranne,

Il mourut le 9 novembre 1669, à Essay, près d'Alençon, et les fiefs retournèrent à son frère aîné, Gabriel de Rochechouart. Celui-ci mourut le 26 décembre 1675. Il avait épousé Denise de Grandseigne, fille de Jean, seigneur de Marcillac, qui lui avait donné un fils et trois filles. — C'est de cette époque que date la plus grande illustration du château du Bouchet.

Louis-Victor de Rochechouart, duc de Mortemart et de Vivonne, prince de Tonnay-Charente, marquis de Moigni et d'Everli, baron de Bray-sur-Seine, etc., né en 1636, était l'aîné des enfants de Gabriel de Rochechouart. Il servit comme maréchal de camp à la prise de Gigéri en Afrique, en 1664, à celle de Douai, en 1667, et au siége de Lille l'année suivante. Sa valeur le fit choisir pour conduire la flotte française au secours de Candie, avec le titre de lieutenant général-ès-mers et armées du Levant, puis de vice-roi en Sicile. Il ne se distingua pas moins pendant la guerre de Hollande, en 1672, où il reçut une blessure dangereuse; enfin le bâton de maréchal de France, le gouvernement de Champagne et de Brie, la place de général des galères, furent la récompense de ses talents et de son brillant courage. Il mourut le 15 septembre 1688.

Gabrielle, l'aînée des trois sœurs de Louis-Victor, fut mariée, en 1665, à Claude-Léonor de Damas, marquis de Thianges. C'était une femme altière et impérieuse qui abandonna son mari pour s'attacher entièrement à la fortune de sa sœur, Mme de Montespan. Elle avait un grand crédit sur l'esprit de Louis XIV, et le conserva même après la disgrâce de sa sœur. Elle mourut, en 1698, dans un magnifique logement du palais de Versailles, où les enfants du roi et de sa sœur, qui l'aimaient et la craignaient, la visitaient continuellement.

La seconde sœur, Françoise-Athénaïs, née en 1641, fut connue d'abord sous le non de Mlle de Tonnay-Charente. Sa beauté la rendit moins célèbre encore que le caractère de son esprit, vif, naturel et plein de grâces. Recherchée par les plus grands seigneurs, elle fut mariée, en 1663, à Henri-Louis de Gondrin de Pardaillan, marquis de Montespan. Sa vie est trop connue pour qu'il soit besoin d'en parler. Elle mourut aux eaux de Bourbon, le 27 mai 1797.

La troisième sœur était l'abbesse de Fontevrault, Marie-Madeleine-Gabrielle, l'un des plus beaux esprits du XVIIe siècle. Elle avait le génie propre à toutes les sciences et à toutes les langues. Elle mourut le 15 août 1704, à cinquante-neuf ans, laissant un grand nombre d'écrits en manuscrits.

Dans une des salles du château du Bouchet, un tableau entouré d'ornements en chêne sculpté et formant le trumeau d'une haute et vaste cheminée, représente, dans leur jeunesse et peintes par elles-mêmes, dit-on, les trois dames dont il vient d'être question. L'aînée, en robe de moire blanche, est à demi couchée au pied d'un arbre ; la seconde, debout, vêtue de bleu, avec ceinture rouge, un carquois sur l'épaule et un arc à la main, présente une rose à sa sœur ; au milieu du tableau, et au second plan, la plus jeune, en corsage rouge et robe bleue, contemple en souriant cette scène champêtre et naïve. Deux autres peintures seraient le fruit des loisirs de la marquise de Montespan, durant les fréquents séjours qu'elle faisait au château du Bouchet.

Louis-Victor de Rochechouart portait le nom de duc de Vivonne. Pendant son expédition dans le Levant, il rendit les plus grands services à la cause de la civilisation menacée par les Turcs. Aussi le pape Clément IX, entre autres faveurs, lui permit de joindre, dans son écusson, les armes de l'Eglise à celles de sa maison. Vivonne accueillit avec honneur une distinction aussi flatteuse, et s'empressa de modifier dans ce sens son blason. On trouve une preuve de la concession papale dans de magnifiques plaques qui garnissent les cheminées du Bouchet. Là, les fasces ondées des Rochechouart sont accompagnées, en chef, des deux clefs en sautoir surmontées de la tiare pontificale. Ces plaques en fonte sont de véritables objets d'art. L'une représente, au milieu de rinceaux et de riches feuillages, deux anges soutenant un écu ovale sommé de la couronne ducale, et posé sur deux bâtons croisés de maréchal de France. Au bas de l'écu, pendent les croix de Saint-Michel et du Saint-Esprit. Sur les autres plaques les anges sont remplacés par des feuillages et des lambrequins.

La porte d'entrée, qui donne accès dans le grand vestibule, est surmo[illegible] par les armoiries de Rochechouart. L'écu repose s[illegible] deux grandes palmes croisées ; il est accompagné de la couronne ducale et des deux colliers du Saint-Esprit et de Saint-Michel, dont les insignes pendent de chaque côté de la pointe. A l'entour, la pierre restée saillante indique que l'ornementation n'a pas été achevée et qu'on devait sculpter aussi les tenants de l'écu, des anges probablement, et dans le fond, en draperie, le manteau fleurdelisé des pairs de France.

Louis-Victor de Rochechouart mourut le 15 septembre 1688. Il avait épousé, en 1655, Antoine[illegible]uise de Mes[illegible], fille de Henri de Mesme, second prés[illegible] au Parlement de Paris. De cette union naquirent plusieurs filles, et un fils, Louis de Rochechouart, marié, en 1679, à Marie-Anne Colbert, fille de Jean-Baptiste Colbert, marquis de Seignelay, secrétaire et ministre d'Etat, comme l'avait été son père le Grand-Colbert.

Depuis cette époque jusqu'à la Révolution, l'histoire des ducs de Mortemart n'offre aucun fait intéressant qui se rapporte au château du Bouchet. Ces seigneurs, à la longue, n'habitèrent plus que passagèrement le château, et cette magnifique demeure ne fut plus pour eux qu'un somptueux rendez-vous de chasse. Ils entretenaient là un nombreux équipage de vénerie, commandé par un officier qui s'intitulait capitaine des chasses. Après Versailles, leur demeure de prédilection était le château de Mortemart, situé sur les confins du Poitou et du Limousin. Quelques années avant la Révolution, le château du Bouchet fut complétement abandonné, et l'on transporta son mobilier à Versailles ou à Mortemart.

En 1793, la nation s'empara des trois châtellenies du Bouchet, Migné et Dardé, comme bien d'émigré. Les terres de ce vaste domaine furent divisées en plus de cent lots; une cinquantaine d'acquéreurs se présentèrent, et presque tout fut vendu à la barre du tribunal de Châteauroux, les 17 avril, 6 et 7 juin, 6 août 1794, 28 octobre 1795 et 20 septembre 1796. Le prix des différentes adjudications dépassa un million, lequel, payé en assignats, se réduisit à une somme très-inférieure. Quelques rares lambeaux, restés sans acheteurs furent restitués, sous l'Empire, au duc de Mortemart qui s'en défit aussitôt. Ce seigneur, le dernier de la branche aînée et ducale des Rochechouart, est devenu l'une des célébrités du Berry, par son long séjour dans notre province, et par la restauration magnifique qu'il a fait du château de Meillant.

L'intérêt qui s'attache à cette illustre famille nous engage à poursuivre son histoire jusqu'à nos jours : Casimir-Louis Victurnien de Rochechouart, duc de Mortemart, prince de Tonnay-Charente, né le 20 mars 1787, est mort à Meillant dans les premiers jours de janvier 1875. Après avoir fait avec distinction les principales campagnes de l'Empire, il devint successivement pair de France, capitaine-colonel des cent suisses de la garde, major général de la garde nationale de Paris, maréchal de camp, chevalier de la Toison d'Or, grand officier de la Légion-d'Honneur, chevalier des ordres du roi, ministre présidant le conseil, général de division, deux fois ambassadeur en Russie, etc. De son mariage avec Virginie de Sainte-Aldegonde, il laissa quatre filles : Alix, comtesse de Sainte-Aldegonde, Henriette, marquise d'Avraincourt, Cécile, comtesse de Québriant, et Berthe, princesse de Bauveau.

Nous avons déjà fait la description de l'aspect général du château du Bouchet. Mais, nous croyons devoir mentionner les modifications qui y furent apportées sous la famille de Rochechouart. La main du temps avait pesé sur les murailles ; elles avaient aussi souffert en différents assauts, car les créneaux ébréchés, les meurtrières élargies et dégradées attestent les injures de la guerre ; enfin, les dévastations et l'incendie causés en 1589 par le capitaine Beauvoisin avaient probablement rendu inhabitables certaines parties de l'édifice. D'après le goût régnant alors, l'aspect et la destination de la moitié du château furent entièrement modifiés. On n'avait plus besoin d'épaisses murailles, de hautes courtines flanquées de tours et percées à peine de rares et étroites ouvertures, plus propres à la défense qu'à une habitation commode. Une réforme complète s'était faite au XVIIe siècle. La politique inflexible de Richelieu avait mis à néant les coutumes brutales de la féodalité. On respecta toute la portion de l'Est, restaurée au XVe siècle par les Taveau ; mais, à la place des vieux remparts devenus inutiles, on bâtit au Sud deux grands pavillons, avec rez-de-chaussée et un étage, contenant quatre vastes chambres, la chapelle et des dégagements. A l'Ouest, on conserva une galerie voûtée, longue de 30 mètres, servant primitivement de salle des gardes ou de caserne ; en avant, du côté de la cour, on lui adossa un vaste corps de logis, se courbant en forme d'arc brisé. Le centre de cette construction, sans caractère et sans élégance, est occupé par un haut vestibule, où prend naissance l'escalier principal : à droite et à gauche sont disposées de grandes salles. L'étage supérieur continue celui des pavillons ; il renferme plusieurs chambres et un énorme salon de sept mètres de large sur vingt de long. Cette pièce, la plus importante du château, est éclairée par huit grandes fenêtres, quatre sur la cour et quatre s'ouvrant sur une terrasse, au-dessus de la salle des gardes, mesurant quatre mètres de large et plus de quarante de longueur. C'est de cette terrasse et des fenêtres des pavillons que la vue, s'étendant à plus de dix lieues, l'on peut contempler un des plus admirables panoramas. Tous les appartements du Bouchet sont de dimension colossale ; ils ont à peu près dix mètres sur chaque face, avec plus de cinq mètres d'élévation ; les fenêtres sont dans les mêmes proportions. Aujourd'hui ces salles démeublées et vides respirent la tristesse et l'abandon ; mais quand elles étaient ornées de somptueuses tentures, d'un riche mobilier, elles devaient avoir un aspect plein de dignité.

Nous devons dire, en terminant, l'histoire du château du Bouchet, que nous l'avons empruntée presque textuellement au savant abbé Voisin, curé de Douadic. Cette histoire, qui a constitué une série d'articles dans la *Revue du Bas-Berry*, forme aujourd'hui un joli volume sous le titre de : *Notre-Dame-de-la-Mer-Rouge et le château du Bouchet*.

Les bords de l'étang de la mer Rouge offrent des châteaux modernes que nous ne saurions passer sous silence. De sa chaussée, on découvre, sur les hauteurs de gauche, *deux châteaux élégants*, dont les revêtements de briques produisent, au-dessus des bouquets de bois, un spectacle délicieux.

Le plus éloigné est celui de M. *Frézard*, Parisien riche que le charme des lieux y a attiré, et qui vient avec sa famille y passer la belle saison. Rien n'égale le bon goût et la belle position de cette construction qui ne date que d'un petit nombre d'années.

Le second château est celui de M. Louis de Fombelle. On l'appelle le *château des Essarts*. Il domine la mer Rouge, et on l'aperçoit de très-loin. La salle à manger, dont le célèbre peintre *Luminais* a décoré les panneaux, est une véritable curiosité, et les sujets, pour un pays de chasse, ne pouvaient être mieux choisis ; c'est l'histoire entière de l'art cynégétique : premier panneau : les temps fabuleux ; chasse des Amazones. — Deuxième panneau : IVe siècle ; chasse à l'ours, à coups de massues et de lances. — Troisième panneau : XIIe siècle ; la chasse au faucon. — Quatrième panneau : XVe siècle ; les honneurs du pied. — Cinquième panneau : XVIIIe siècle ; rendez-vous de chasse, repas champêtre. — Sixième panneau : XIXe siècle ; le rapproché. — Dans le vestibule, sont des tableaux représentant : une Vue de Suisse ; les Pilleurs de mer ; la Rentrée au port du bateau de pêche ; le Coup de vent ; l'Affût dans un intérieur de forêt ; la Chasse au marais. Il faut remarquer dans ce vestibule deux curieux bahuts du XIIe siècle. — Le salon est orné de deux beaux tableaux à l'huile encadrés dans les panneaux : l'un est une Chasse au cerf, hallali courant ; l'autre est le Rendez-vous où les chasseurs sont revêtus du costume officiel.

Jetons nos regards tout-à-fait à gauche et plus près de nous, pour découvrir un important et pittoresque châlet qui se perd au milieu d'un bocage de 14 hectares ; c'est celui de M. Motha, habile agriculteur et dont on aime à recueillir les avis dans les concours. Ce châlet avait été édifié avec goût par un ménage parisien, M. et Mme Régnier. Mme Régnier, artiste peintre, s'était enthousiasmée de cette curieuse partie de la Brenne, et avait fait entrer, dans la distribution de sa demeure, un bel et vaste atelier. M. Régnier, écrivain distingué, et dont les travaux ont été remarqués dans la *Revue des Deux-Mondes*, se livrait là en paix à la rédaction de ses nombreuses notes. Mais les enfants grandissaient ; il fallait s'occuper de leur éducation ; les beaux horizons ne pouvaient remplacer les maîtres qu'on ne trouve que dans les grandes villes, et cette intéressante famille s'est décidée, à son grand regret, à revenir à Paris. — Retournons-nous sur la droite et nous trouverons, en nous en approchant, l'ermitage le plus simple et le plus attrayant qu'on puisse imaginer. Il se nomme *la Borderie de la Mer Rouge*. C'est une propriété de six hectares. Vous y trouvez un joli jardin potager, une petite pêcherie alimentée par une dérivation de l'étang, des niches à lapins, etc. Vous pénétrez dans une écurie où vous rencontrez un caressant petit cheval et une vache ; à côté est la cuisine, la salle à manger ; quelques chambres sont au-dessus. Enfin, le mystère vous est dévoilé lorsqu'on vous fait entrer dans une vaste pièce qui n'est autre chose qu'un atelier de peintre, où l'on remarque une foule d'objets, même une voiture flamande. Cet atelier, ce cottage, est la demeure de *Luminais*, qui vient y passer l'été avec sa famille. Qui se serait douté que de cet endroit de la Brenne partiraient des chefs-d'œuvre admirés aux grandes Expositions artistiques de notre capitale !

Cette fois, ce n'est pas aux excellents écrits, mais à l'obligeance du savant curé de Douadic que j'ai recours pour continuer cet aperçu sur les châteaux et manoirs de la Brenne ; il a bien voulu me procurer les renseignements que je vais transcrire sur ceux de ses environs.

Le Fresne était un vieux manoir situé à 5 ou 600 mètres du bourg de Douadic. C'était une grande maison avec étage et fenêtres à meneaux en croix, flanquée d'une tour contenant l'escalier. Au-dessus de la porte d'entrée, ornée de pilastres et d'un fronton, une plaque de marbre noir contenait cette inscription en lettres d'or :

Est bien gardé,
Qui Dieu garde.

A droite et à gauche de la façade et sur la même ligne, mais à quelques mètres de distance, s'élevaient deux tours à toiture conique, de la hauteur de deux étages, percées de meurtrières rondes. La tour placée à gauche, servait de fuye ou pigeonnier ; elle était surmontée d'un magnifique épi en fer forgé, dont les branches gracieusement recourbées, s'épanouissaient en larges fleurs de lys. La tige centrale supportait une forte girouette. Derrière la maison s'étendait une vaste cour bordée de chaque côté de bâtiments d'exploitation, et fermée au fond par une haute muraille, percée d'une grande porte à plein cintre, et d'une plus étroite de même forme pour le service des piétons. A chaque angle de ces bâtiments, du côté de la campagne, deux tours garnies de meurtrières et de sarbacanes, servaient de défense.

L'avant-dernier propriétaire a bâti, vers 1848, à la place du vieux manoir, une maison élégante. Il a agrandi la cour en détruisant le mur du fond, et conservé toutes les autres anciennes dispositions. A l'entour, il a créé, en utilisant de magnifiques chênes plusieurs fois centenaires, un vaste parc, où les pelouses, les massifs d'arbres à fleurs et à feuilles persistantes, les allées couvertes et une belle vigne s'entremêlent aux cultures.

Le Fresne était un fief relevant de la châtellenie du Blanc. Le plus ancien seigneur, dont on trouve le nom dans les vieux titres, est Guillaume Morelon, dont on constate l'existence en 1435 et en 1445. Il possédait en même temps, la Roche-Morelon, Montaigu, les Granges et la Forest-aux-Barres. Il paraît avoir eu deux fils : Génitour, l'aîné, qui devint seigneur du Fresne et de Roche-Morelon, fut père d'Antoine, à son tour seigneur des mêmes lieux. Antoine Morelon eut une plus nombreuse postérité : son fils aîné, Jean, devint seigneur de la Roche-Morelon, et sa descendante, Marie Morelon, épousa Michel Cottereau, écuyer, sieur du Vivier. Leur fils, Claude Cottereau, transmit la Roche-Morelon aux seigneurs de Montaigu, dont il sera parlé ci-après. Le deuxième fils d'Antoine Morelon, Charles, fut seigneur du Fresne, et le petit-fils de ce dernier possédait encore ce fief en 1551.

Des Morelon, le Fresne passa en héritage à la famille de Gréaulme, qui le détenait en 1590 et 1686. Les Rabault le possédèrent ensuite jusque vers 1828 ou 1829. A cette époque, il fut acquis de Michel Rabault par M. Bastide de Villemuseault. Ce dernier, d'une famille originaire de Saint-Benoît-du-Sault et depuis longtemps établie au Blanc, a laissé dans tous les esprits le souvenir de la plus vive estime et du plus grand respect. Docteur en droit à un âge où les autres sont à peine étudiants, il fut ensuite, pendant de longues années, maire du Blanc, puis de Douadic. Chez lui, une aménité parfaite s'alliait au jugement le plus large et le plus droit ; aussi ses conseils qui étaient recherchés de tous, qu'il ne refusait à personne, faisaient force de loi, et l'on ne saurait dire le nombre de procès qu'il a fait éviter, de discordes et de dissentiments qu'il est parvenu à apaiser et à concilier. C'est lui qui a mis Le Fresne en l'état où il se trouve aujourd'hui, et qui l'a rendu un lieu plein d'agréments. Son fils, M. Paul Bastide de Villemuseault, en est aujourd'hui propriétaire.

Le fief, hostel et hébergement d'Avignon, est à trois kilomètres de Douadic, et tout près de la route du Blanc, à laquelle il accède par une belle allée de hauts et vieux peupliers. L'agglomération des vieux bâtiments est d'un effet très-pittoresque. Ils sont enfermés, en avant, dans une double enceinte protégée par des tours d'angle, et, au centre, par la chapelle, dont l'abside, aux meurtrières étroites et allongées, défend les portes d'entrée. Ces dernières (une porte charretière et une plus petite), sont surmontées d'une galerie percée de trois sarbacanes, deux très-allongées, et une ronde au milieu. Le logis, composé de deux corps de bâtiments, a conservé ses grandes fenêtres, divisées par des meneaux croisés. Son intérieur offre de grandes cheminées en pierre. Au niveau du premier étage, une charmante tourelle est accolée à la grande tour, et repose sur un élégant cul-de-lampe orné de feuillages, d'oves, de modillons finement sculptés. La porte d'entrée, percée au bas de la tour principale, est flanquée de pilastres cannelés avec chapiteaux et fronton, dans le style de la Renaissance. Dans un cartouche posé au milieu du fronton, on lit la date de 1371 ; mais c'est par suite d'une erreur du graveur, car le chiffre 3 doit être remplacé par un 5, attendu que cette date ne peut être que 1571.

Les seigneurs d'Avignon comptent de belles alliances ; outre leur fief matrimonial, quelques-uns d'entre eux ont possédé les terres nobles du Fresne, de Salvert, de Baugé, de La Roche-Morelon et la Tour de Rivarennes-en-Berry ; et, en Touraine, les fiefs de La Fontaine-d'Angé et autres. Ils remontent à la première moitié du xve siècle. Le premier, dont les chartes fassent mention, est Hugues de Maugivray, dont la fille épousa, en 1442, Jean Vaillant, écuyer, dont la descendance ajouta à son nom celui d'Avignon. En voici la nomenclature : Jean Vaillant, époux de Marguerite de Maugivray, 1455 ; Gaston Vaillant, époux de Madeleine Mesnard, d'où Vaillant de Saint-Mars, 1505 ; Louis de Vaillant, seigneur de La Tour de Rivarennes, époux de Marie de Mauvin, 1517 ; Jean de Vaillant, époux d'Antoinette de Bois-Bertrand, 1541 et 1564 ; Pierre de Vaillant, 1570-1572-1610 ; Jean de Vaillant, 1618 ; François de Vaillant, 1647 ; Jean de Vaillant, 1654-1662 ; François de Vaillant, 1668 ; Nicolas de Vaillant, seigneur d'Avignon, de Salvert et de Baugé, demeurant à Saumur en 1683, décédé en cette année ; François de Vaillant, seigneur de Baugé, d'Avignon et de La Tour de Rivarennes, y demeurant en 1683 ; sa femme était demoiselle Marguerite de Bouchardière. Ils eurent pour enfant Marguerite-Françoise de Vaillant, dame d'Avignon, de Montaigu, de Salvert, de Roche-Morelon, de Douadic, et autres places, mariée en 1710 à Anne-Jacques-Louis d'Aubery, marquis de Maurier et de La Fontaine d'Angé, ambassadeur en Hollande, sans postérité.

La famille d'Avignon avait chapelle seigneuriale en l'église de Douadic, avec titre à ses armes qui sont : *à 2 fasces de sable au chef emmanché d'azur*.

Après la Révolution, Avignon et les terres qui en dépendaient passèrent en les mains de la famille Hérault, du Blanc, et est aujourd'hui possédé par Mme Hallot, l'une de ses descendantes.

Le *château de Salvert*, aujourd'hui à demi ruiné, demine le gouffre de Salvert, grande dépression de terrain, on ne peut plus curieuse, qui engloutit toutes les eaux de La Brenne. On prétend que le gouffre de Salvert communique avec la Creuse auprès de Tournon, à près de quatre lieues de distance, par un canal souterrain, et que, en cet endroit, les eaux sortent des profondeurs du sol pour se mêler à celles de la rivière. Le château de Salvert est un grand pavillon carré à trois étages, flanqué de trois tours.

Geoffroy de La Motte, seigneur de Donay, paroisse de Subtray, épousa, en 1343, Jeanne de Salvert, qui dut lui apporter en dot le fief de ce nom. Guillaume de La Motte, seigneur de Salvert, sans doute fils des précédents, donna, en 1485, à Gaston de Vaillant, seigneur d'Avignon, 30 boisselées de terre dans la tenue des Riolets ; il vivait encore en 1498. Après lui, on trouve Antoine de La Marche, seigneur de Salvert, 1551-1582. Charles de La Marche, 1627. Nicolas Vaillant, seigneur d'Avignon et de Salvert, qui testa en 1683, en faveur de sa nièce, Marguerite-Françoise de Vaillant, dame d'Avignon.

Salvert, après la Révolution, subit la même fortune que Avignon, et est aujourd'hui la propriété de M. Hérault de la Véronne, du Blanc.

Le *château du Tertre*, commune de Lingé, est une ancienne commanderie de l'ordre de Malte. Il consiste en un grand manoir, flanqué en avant d'un tour servant d'escalier, par derrière d'une autre tour munie de meurtrières de forme ronde. La tour de l'escalier offre, à la hauteur du premier étage, un grand machicoulis supporté par deux consoles en retraite, destiné à défendre la porte d'entrée. Sur la face des machicoulis on lit cette inscription en grandes capitales romaines : *De Crémille* 1602. A droite et en retour du logis est une assez grande chapelle ; sa voûte est en bois avec nervures appliquées sur les joints. Au-dessus de l'autel et sur les trois autres côtés des murailles, de grandes statues peintes à fresque, en très-mauvais état, représentent le Christ et les douze apôtres. A la suite de cette chapelle qui offre tous les caractères du XVIe siècle, des bâtiments d'exploitation ferment ce côté de la cour et sont flanqués, à leur angle extérieur d'une tour de défense. Il en est de même du côté opposé, moins la tour aujourd'hui détruite. — Le Tertre est bâti à mi-côte et sa façade jouit d'un de ces points de vue charmants et fréquents en Brenne, où les vertes prairies sont entremêlées de vieux et magnifiques chênes.

Après avoir été possédé par les de Crémille et les de Marens, le Tertre a été acheté, après la Révolution, par la famille Boupignon, puis, à la suite d'une alliance est passé dans les mains de M. Florent Aubier et de son héritier, M. Florent Dion.

Commanderie de Lureuil, commune de ce nom. Elle appartenait comme la précédente à l'ordre de Malte. Parmi les anciens Seigneurs-Commandeurs nous trouvons, dans l'*Inventaire des archives de l'Indre*, les noms suivants : Claude de Montagnac-Larfeuillère, Jean-Hector de Fay de La Tour-Maubourg, Henri de Mallet de Fargues, Claude de Grolée, Jacques de Soudrilles, Imbert de Beauvoys, Loys Delastic, Charles de Reffignac, Remond Rogier. L'établissement comprenait *chastel et maison* avec les aisances et dépendances.

Le château actuel a été bâti à la place de la commanderie, dont on trouve encore des vestiges, par M. Châtillon de Moncey, ancien officier de cavalerie, qui en a fait une des plus agréables habitations de la Brenne. Le parc est admirablement dessiné et planté des plus beaux arbres. Nulle part on ne trouve de plus splendides ombrages, une végétation plus luxuriante, des massifs et des corbeilles de fleurs mieux disposés et mieux choisis. La vue du château est représentée à la page 228 des *Esquisses pittoresques* ; de ses fenêtres la vue s'étend, d'un côté, sur la vallée de la Creuse, et, de l'autre, sur le bassin de la Claise. — Le propriétaire actuel, fils du général Dulimbert, petit-fils du maréchal Jourdan, après avoir occupé les grandes préfectures de Limoges, de Tours et de Toulouse, jouit de sa retraite en se livrant aux soins de sa belle demeure. M. le baron Dulimbert, entouré d'une femme d'une rare distinction et d'une nombreuse famille, a disposé les ameublements avec un goût exquis. Deux magnifiques salons et une vaste salle à manger sont garnis de meubles anciens, merveilleusement sculptés et dans un état de conservation parfaite. Un grand buffet ayant appartenu à Diane de Poitiers, entre autres, est admirable de dessin et de travail, avec ses statuettes, ses guirlandes, sa riche marqueterie et ses moulures finement ciselées. Tous les panneaux sont couverts de beaux tableaux, parmi lesquels, on remarque un massacre des innocents attribué à Rubens, deux Téniers superbes d'entrain et de vérité, un Saint-Bruno en prière de Lesueur, dont la pose, le dessin, le recueillement, le coloris d'une douceur infinie, sont un véritable chef-d'œuvre, etc. De précieux vases en majolique, aux couleurs éclatantes, posés sur des supports sculptés, et pleins de plantes rares, une inappréciable table en mosaïque de marbre où les fleurs les plus brillantes se jouent au milieu de rinceaux élégants et finement travaillés, ajoutent un grand éclat et un charme tout spécial à cet intérieur si somptueux et si artistique.

Dans le bourg même de Lureuil est une *autre propriété*, qui touche à celle de M. le baron Dulimbert et qui appartient *à M. Charcellay-Debors*, qui l'habite avec sa femme et son fils. La maison est jolie ainsi que les dépendances ; les terres ont aussi une certaine importance.

A peu de distance de Lureuil et de Lingé, dans la direction de Mézières, se trouve le *château du Blison*. C'était une propriété des Templiers, qui devint, comme celle de Lureuil, une commanderie de l'ordre de Malte. Lorsque le dernier commandeur fit reconstruire son habitation, on trouva dans les fouilles plusieurs cercueils de plomb de sept à huit pieds de longueur, et dans chacun d'eux des ossements d'une grande taille ainsi que des petites cruches contenant encore des résidus de vin. Dans l'excursion que j'ai faite en Brenne l'été dernier, avec M. Navelet qui avait l'obligeance de me faire les honneurs de son pays, nous avons constaté, dans l'emplacement de l'ancienne chapelle, une pierre tombale où des armures sont dessinées. — Parmi les seigneurs commandeurs du Blison, nous avons distingué, dans l'*Inventaire des archives de l'Indre*, les noms suivants : messire Philippe-Joseph de Lémery de Choisy ; vénérable père Jacques-François Guinebault de la Grossière, chevalier, bailli, grand croix de l'ordre de Saint-Jean de Jérusalem ; religieux seigneur frère Léon-Hyacinthe Lingier de Saint-Sulpice ; messire Jean-Baptiste de Sesmaisons. — M. de Marivault, un des derniers propriétaires, avait fait du Blison, par de nombreuses plantations et par la création d'un très-beau parc, une des plus jolies résidences de la Brenne ; et M. Lebaudy, raffineur à Paris, devenu membre du Conseil général de l'Indre, a fait encore des embellissements au château et a augmenté les plantations. On remarque, dans les *Esquisses pittoresques*, page 223, un dessin du château.

Château de Bon-Asile, commune de Douadic.

Il y a une quarantaine d'années, M. de Villemot choisit, pour y bâtir un château, l'une des plaines les plus maussades et les plus tristes de la terre de Dussé, vieille châtellenie qui avait toujours été unie à celle du Bouchet. Ce qui détermina cette préférence, ce fut la présence, au milieu des brandes incultes, d'un assez grand nombre de magnifiques chênes, aux formes majestueuses et pittoresques, tels qu'on ne les trouve que sur le vieux sol de La Brenne. On fit venir de Paris des dessinateurs paysagistes intelligents, on planta un parc de plus de cent hectares, on prodigua partout les arbres les plus rares et les plus élégants, on multiplia d'épais massifs, on bâtit sur les sites les plus gracieux, une orangerie, des cabanes rustiques, volière, lavoir, glacière... On sut tirer parti des moindres accidents de terrain, on multiplia les allées aux courbes gracieuses, on ménagea les points de vue, enfin, aujourd'hui, le parc et le château de Bon-Asile font de ce lieu, jadis inculte et désolé, la résidence la plus belle et la plus agréable de tout le canton du Blanc.

Après M. de Villemot, le créateur de Bon-Asile, cette propriété fut achetée et habitée par M. le comte Beugnot, puis par M. Maureng, ancien agent de change à Paris. C'est entre les mains de cet homme actif et intelligent que le château et le parc reçurent de nombreux accroissements et leurs principaux embellissements. Le château, bâti sur un sous-sol qui contient les cuisines, offices et tous les accessoires, s'élève au milieu d'un magnifique massif de lauriers et de plantes toujours vertes. Sa façade principale forme un avant-corps avec fronton et contient un haut et vaste escalier formant une plate-forme garnie de vases de fleurs et de plantes rares. La façade opposée, élevée sur un perron de large dimension, offre un corps de logis en retraite et deux beaux pavillons en avant-corps. Un belvédère vitré couronne tout l'édifice. La salle de billard et la salle à manger sont ornées de quelques tableaux intéressants rapportés d'Italie par la famille de M. Maureng.

La terre de Bon-Asile, composée de huit à dix grandes fermes, contient plus de huit cents hectares.

Nous terminons cet article en faisant mention de

deux châteaux que l'on rencontre entre Mézières et Clion :

Le premier est celui de *Notz-Marafin*, qui a été bâti par M. Cavé, fondeur à Paris, et qui est aujourd'hui habité par son fils. Elevé sur les ruines d'un ancien manoir féodal, il est situé au point le plus élevé entre la Claise et l'Indre. D'un côté, l'œil repose agréablement sur la vallée de cette rivière, et, de l'autre, la vue s'étend, immense, bien au-delà des bords de la Creuse et plane sur le bassin de La Brenne que borne à l'horizon le château du Bouchet.

L'un des seigneurs de Notz-Marafin était à bord de la *Blanche-Nef* avec les deux fils de Henri Ier, roi d'Angleterre, et fut englouti avec eux, en 1120, ainsi qu'une multitude de personnes du plus haut rang. Au bas de la page 240 des *Esquisses pittoresques*, se trouve une vue du château de Notz Marafin.

Sur la gauche de Notz, au milieu des massifs de bois, on aperçoit Villiers, qui se recommande à plus d'un titre. C'est là qu'est le second château, celui de *Fromenteau*, où naquit Agnès Sorel. « Les tourelles qui virent son enfance, dit M. de La Tramblais, sont tombées, ainsi que les beaux arbres qui ombragèrent ses premiers pas ; mais les gazons foulés par ses pieds reverdissent encore chaque printemps, et son souvenir n'est pas entièrement perdu dans le pays : on voit à la Morinerie, une chétive maisonnette, aux boiseries de chêne noircie par le temps et par la fumée, où l'on rapporte que *fut nourrie une princesse qui devint la maîtresse du roi.* »

Le château de Fromenteau a été acquis par la famille Morillon, qui, depuis, a encore acquis la propriété de *Simple Asile* ; parmi les bienfaits qu'elle répand autour d'elle, on remarque la très-belle école qu'elle a fait construire pour les enfants de la commune.

Le *château de Lancosme* est situé sur la Claise, qui y forme de belles nappes d'eau. La famille Savary de Lancosme, habitait la propriété dès le XIIIe siècle. Jourdain de Savary (*Jordanus Savarici, miles*) comparait dans un acte d'aveu ; et le mardi après la Pentecôte, 1282, *Johan Savari, damoiseau, vend, en la cort lou roi à Loiches, à noble dame madame Johan, dame de Mazères et de Rochecorbon, sa maison que l'on appelle l'Ile Savary* (*qui dicitur insula Savarici*).

Le château de Lancosme est représenté dans les *Esquisses pittoresques*, sous l'aspect d'un corps de logis, flanqué de quatre tours de différentes hauteurs. Depuis l'acquisition, qui en a été faite par la famille Crombez (de Tournay, en Belgique), le château a été arrangé et remis à neuf, et de grandes dépendances ont été construites.

La terre de Lancosme mérite, plus que son château, d'attirer l'attention, d'abord par son étendue qui est de près de 8,000 hectares, et surtout par les beaux travaux que M. Louis Crombez y a fait exécuter. C'est à lui qu'il faut principalement attribuer le grand mouvement des améliorations qui se sont produites en Brenne. Il a commencé par assurer l'écoulement des eaux. Sans attendre la solution qui devait amener des subsides de l'Etat, il a entrepris seul, dans sa propriété, le redressement de la Claise et d'une partie de l'Yozon dans une étendue de plus de 7 kilomètres. Les voies rurales n'étaient pas tracées; il a procédé à leur remaniement général ; il a fait des chemins empierrés et de grandes allées se raccordant avec ces chemins ; des fossés et des aqueducs ont conduit les eaux vers les grandes voies d'écoulement. La suppression des eaux croupissantes a entraîné le défrichement des brandes, leur reboisement et leur mise en culture. 636 hectares d'étangs ont été transformés en terres cultivées. L'étang de la forge de la Caillaudière, alimenté par l'Yozon, étant nécessaire à l'usine, on l'a remplacé par un bras forcé de plus de 2 kilomètres.

Les habitations des domaines ont été assainies, les cours nivelées et les fumiers disposés de manière à ce que l'excédant des eaux puisse se rendre dans les prés. Par l'iniatitive de M. Crombez une société de secours mutuels a été organisée à Vendœuvres. Depuis ces améliorations, la mortalité qui était de 52 p. 0/0 est descendue à 45, malgré l'augmentation de la population. Au lieu d'un déficit de naissances sur les décès, il y a un excédant de naissances. Les fièvres aujourd'hui ne sont pas plus communes qu'ailleurs.

L'insuffisance des fourrages amenant celle des bestiaux, l'assolement suivant a été adopté :

1° Jachère labourée et fumée ;
2° Céréale d'automne ;
3° Trèfle et ray-grass ;
4° Pâturage ;
5° Céréale de printemps et avoine d'hiver.

Quant aux amendements, l'élément calcaire manquant, on a ouvert des marnières et établi des fours à chaux ; et quant aux fumiers, outre les conditions déjà mentionnées, des citernes à purin ont été creusées. Le drainage a aussi contribué à assainir les terres. Les fourrages sont devenus considérables. De meilleures races d'animaux ont été introduites. Pour les chevaux, la race a été améliorée par l'acquisition de deux étalons anglo-normands. Une meilleure nourriture et des taureaux limousins ont reconstitué l'espèce bovine. La conservation, l'aération et la sortie du bois ont été facilitées par des fossés d'écoulement et de grandes avenues. Tous les taillis ont été nettoyés.

Le *château Robert* et la terre qui en dépendait avaient été la première acquisition de la famille Crombez. Cette propriété a été depuis réunie à celle de Lancosme. Le château abandonné sert de magasins à blés et à fourrages. On y remarque deux tours et un grand corps de bâtiment précédé d'une vaste terrasse. De magnifiques ombrages entourent le château-Robert, vieux restes des forêts druidiques où nos ancêtres se réunissaient pour célébrer les mystères de leur culte et pour chercher au nouvel an le gui sacré.

Le *château de Bauché*, près Vendœuvres, sur la route de Mézières, est de construction moderne ; il a été bâti sur les ruines de l'ancien manoir des sires de Crevant. Il appartenait à M. le comte de Montdragon, qui a laissé quatre filles ; deux sont mariées à MM. de Beaumont, une autre à M. de Villeharnois, et la dernière à M. de Bonvouloir. Pendant l'hiver, M. de Montdragon habitait un grand hôtel à Tours et y réunissait toute sa famille. Toutes ses filles ayant plusieurs enfants, la table dépassait toujours trente couverts.

Le *Claveau* est un ancien château à peu de distance de Mézières, sur la route de Paulnay. Il a appartenu à la famille de Maussabré. Son propriétaire actuel est M. Pavy qui l'a réparé en partie. Il s'est livré à la fabrication des tuiles et briques artistiques et a fait établir près de son château des modèles de constructions.

Les *châteaux de Brèves* et *de Verneuil* sont modernes. Les *Esquisses pittoresques* nous en offrent les figures, ainsi que celles des châteaux de Lancosme, de Château-Robert, de Bauché et du Claveau. Je n'ai aucun renseignement sur les châteaux de Brèves et de Verneuil ; je n'en ai pas non plus sur celui de Sainte-Thérèse.

En m'occupant de Châtillon, j'aurais dû placer une notice sur le *château de Saint-Cyran-du-Jambot* qui est dans le voisinage, mais je n'avais pas alors les renseignements nécessaires. Aujourd'hui, grâce à l'obligeance de M. l'abbé Baillereau, curé de cette paroisse, qui la pu les obtenir de M. de Migny, capitaine d'infanterie, en garnison à Landrecies; M. de Migny possédant le petit fief de son nom, près de Saint-Cyran, et descendant des anciens propriétaires, a fait des recherches étendues sur les familles qui ont habité ce château; c'est ainsi que je me trouve en mesure d'en présenter un historique.

Avant la Révolution de 1789, la terre n'avait appartenu qu'à deux familles connues, celle de Guenant et celle d'Aligner de Saint-Cyran. Elle a certainement eu, au moyen-âge, ses seigneurs particuliers, ainsi que cela résulte d'un extrait de titre contenu dans le registre latin, numéro 17129, de la Bibliothèque nationale.

La famille de Guenant possédait Saint-Cyran au commencement du XVe siècle. Eléonore de Guenant, fille unique et héritière de Aimé de Guenant chevalier, seigneur de Saint-Cyran, et épouse de François de Romans, fut la dernière propriétaire de la terre de Saint-Cyran qui, saisie sur son mari à la suite d'une affaire grave, fut acquise, vers 1653, par Hélie d'Aliger, chevalier, seigneur de Faye, et général de l'artillerie en Champagne, et par Madeleine d'Hotman, son épouse. Ce dernier propriétaire obtint l'érection en châtellenie de la haute justice de Saint-Cyran. Les seigneurs de Saint-Cyran relevaient des châtellenies des Pruneaux en totalité ou du moins en partie.

La famille d'Aliger était originaire du Périgord. Elle avait pour armes : *de gueules à trois faces d'or*. Voici la liste des seigneurs de Saint-Cyran de cette famille :

I. Hélie d'Aliger, chevalier, seigneur de Seup, Saint-Cyran, Brossin, lieutenant général de l'artillerie de France en Champagne et Brie. Il avait épousé Madelaine d'Hotman, fille de Timoléon d'Hotman, seigneur de Fontenay, et de Marie de Mensel. Madelaine d'Hotman, restée veuve, se remaria en deuxième noces à Claude de Rochefort, comte de Luçay, chevalier de l'ordre, qui, lui-même, était veuf d'Anne de Breuilly de Pienne.

II. François d'Aliger, seigneur de Saint-Cyran, Brossin, Fontenay, etc., fut maître des comptes à Paris; il avait épousé demoiselle Louise Léger.

III. François d'Aliger, chevalier, seigneur de Saint-Cyran, également maître des comptes à Paris, s'était marié avec demoiselle Anne Legras, de la famille des Legras de Huard.

IV. François d'Aliger, chevalier, seigneur de Saint-Cyran, aussi maître des comptes à Paris, avait contracté mariage avec demoiselle Madeline Bastonneau, fille de François Bastonneau, seigneur d'Azai, maître d'hôtel du roi, et de Madeleine Renard.

V. Edme-François d'Aliger, chevalier, seigneur de Saint Cyran, Brossin, Vautournon, etc., ancien officier au régiment de Berry-cavalerie, auditeur des comptes à Paris, décédé, en 1814, brigadier des gardes-du-corps, avait épousé le 19 avril 1787, dans la chapelle du château de Migny, demoiselle Thérèse-Catherine Gastebois, veuve en premières noces de Charles Henri de Migny, chevalier, seigneur de Migny et de la Ferre. De ce mariage provinrent deux filles : 1° Jenny d'Aliger de Saint-Cyran, mariée à M. de Louignane, conservateur des hypothèques à Guéret ; 2° Elisa d'Aliger de Saint-Cyran, mariée à M. le baron de Morière, ancien capitaine d'infanterie, chevalier de Saint-Louis.

Le dernier descendant de la famille de Saint-Cyran vendit sa propriété à M. Diard, qui lui-même la revendit aussitôt à M. de la Cotardière, père de Mme la comtesse de Bryas, propriétaire actuelle. — Le principal corps de logis du château de Saint-Cyran ne remonte pas au-delà du XVIe siècle. M. le comte de Bryas a agrandi le château par la construction d'une aile de bâtiments dont l'architecte a été M. Dauvergne.

Les notes de M. le capitaine de Migny me permettent de donner quelques détails sur la seigneurie de ce nom. — La *seigneurie de Milly* doit son origine à un ancien poste militaire (la situation de son château sur la rive droite de l'Indre semble du moins l'indiquer), et son nom à l'une des plus anciennes familles de la Touraine. L'orthographe de ce nom a beaucoup varié. Le fief de Migny s'étendait très-loin. Au XVIe siècle, la seigneurie était en pleine décadence. Ses anciens seigneurs partageaient avec ceux de Saint-Cyran et de Chaudenay le droit de sépulture dans l'église de Saint-Cyran ; ils possédaient encore un droit dans la chapelle du couvent des Augustins de Châtillon-sur-Indre.

Ne nous livrant qu'à un simple aperçu sur les châteaux de notre département, nous ne pouvons entrer dans tous les détails qui nous sont fournis sur les anciens seigneurs de Migny. Nous nous bornerons à mentionner les principaux.

Bernard de Migny, chevalier, est cité comme témoin, au mois de mai 1202, dans une question d'arbitrage. — Raoul de Migny, chevalier, est le dixième bailli de Touraine cité dans l'histoire de Chalmel ; il fut bailli de 1256 à 1260. — Bernard de Migny, chevalier, maréchal de Champagne sous Henri II, comte de Champagne, accompagna ce prince à la Terre-Sainte et mourut devant Saint-Jean-d'Acre en 1191. — Charles de Migny, chevalier, seigneur de Milly, écuyer tranchant, capitaine de la porte. — Charles-Henri de Migny, chevalier, seigneur de Migny et de La Ferre, a servi pendant plusieurs années dans la compagnie des gendarmes de la garde. — Pierre-Henri de Migny a servi dans un régiment de cavalerie et s'est retiré du service avec quatre blessures.

La terre de Migny est demeurée pendant plus de vingt générations entre les mains de la même famille.

Le *château de Chaudenay* est peu éloigné de celui de Saint-Cyran. Avant ces derniers temps, c'était une simple maison. Le propriétaire actuel, M. Le Vaillant, a remplacé l'ancienne maison par une plus considérable qu'il a flanquée depuis peu de deux tourelles.

Le petit *château de la Rigaudière* est habité par M. de Serey.

Dans la 3e conférence, j'ai omis de parler du petit *château de Charon*, qui se trouve situé vers la source du *Creusançais*, en avant de Bouesse ; je n'avais alors sur lui aucun renseignement. Aujourd'hui, grâce aux notes que M. Edouard Duchan, son propriétaire actuel, a bien voulu relever dans les titres qu'il possède, je puis en noter un historique.

En 1720, date la plus ancienne des titres, Charon était un fief qui appartenait au chevalier François de Barbançois, seigneur de Barbançois, seigneur de Celon, brigadier des gardes du corps, compagnie de Vileroy. Il le vendit, le 1er août 1870, moyennant 82,000 livres, à Louis-Charles de La Porte de Montual, conseiller du roi, grand-maître des eaux et forêts au département de Blois. Celui-ci s'en dessaisissait deux ans après en faveur de M. Thabaut de La Licrie, conseiller du roi, receveur des tailles à Issoudun. — En 1729, François Duris, conseiller du roi, receveur des tailles à Châteauroux, l'achetait de Thabaut. François Duris fait, en 1732, aveu et dénombrement du fief de Charon au marquis de Cluis, seigneur de Gaucourt, dont il dépendait. Cet aveu porte que Charon était alors entouré de douves et fossés, avec pont-levis ; les bâtiments de servitudes étaient également entourés de fossés ou de murs avec portes crénelées. Il y est fait mention des droits des seigneurs de Charon sur les terres avoisinantes. — En 1766, Marie de Coqueborne de Bussy, veuve de François Duris, vend Charon à Léon Crublier de Chandaire de Miran, conseiller du roi au bailliage de Châteauroux.

Charon resta dans cette famille jusqu'en 1836, époque à laquelle M. Michel Vergne l'acheta de M. Nicolas-Léon Crublier de Miran. Enfin, en 1847, les banquiers Ollier, Duret et Cie l'acquirent de Michel Vergne et le vendirent, en 1860, à la famille Duchan. — Quant aux bois de Cluis, ils ont appartenu à la seigneurie de ce nom. Après avoir été longtemps dans la maison des Lestranges, celle-ci la vendit à M. Aubertot. Mme Duchan les a acquis, en 1866, de M. Aubertot de Coulanges, qui avait fait construire le chalet qui y existe.

Le château de Vatan. Je ne l'ai pas mentionné, car il en reste à peine quelques traces. Il a cependant une histoire qui ne doit pas être oubliée. La seigneurie de Vatan a toujours été une châtellenie jusqu'en 1650, où elle fut érigée en marquisat. Dès la fin du Xe siècle jusqu'à la fin du XIIe, elle fut possédée par les princes d'Issoudun. Sous Philippe-Auguste, elle passa successivement aux Seigneurs de Saint-Palais, de Culant, de Tranchecerf et Dupuy. Vincent Dupuy fut gouverneur du Berry et capitaine de cent hommes de la garde du roi. Claude et Pierre Dupuy lui succédèrent dans cette dernière charge. Cette famille a possédé la terre de Vatan jusqu'en 1612. A cette époque, Florimond Dupuy fut condamné à avoir la tête tranchée en grève, comme ayant voulu favoriser les contraventions aux ordres de la cour, et comme sujet rebelle. — La terre de Vatan, après la révolte de Florimond Dupuy et la peine qu'il subit, fut confisquée au profit de la couronne ; cependant, après quelque temps, Marie Dupuy, sa sœur, rentra en possession de ladite terre. — A Marie Dupuy succédèrent Anne et Claude de Presteval, ses nièces, qui se marièrent : la première au seigneur de Meinière, et la seconde à M. Aubery, conseiller au Parlement de Paris. La maison de Meinière fut éteinte par la mort du marquis de ce nom, qui fut tué à la bataille de Malplaquet. La maison d'Aubery devint seule maîtresse à Vatan. Après la mort de Félix Aubery qui fut conseiller d'Etat et prévôt des marchands de Paris en 1743, on nomma pour tuteur à ses enfants le chevalier de Vatan, non profès de l'ordre de Malte.

La Chantrerie de Vatan dont il a été question déjà dans cet aperçu, était la seconde dignité du chapitre de Vatan. André Chapon, prêtre, chanoine de cette église, y fut le premier promu par le chapitre en corps. Depuis 1646 jusqu'en 1750, il y a eu cinq titulaires de la Chantrerie, savoir : André Chapon, fondateur, Jacques Lefèbvre, Pierre Perrinet, Jacques Cherbonnier, J.-B. Le Normand et Louis Trotignon.

En énumérant les châteaux des environs de Valençay, j'ai omis de faire mention de celui de *La Tour-du-Breuil*, habité par une famille qui porte le nom de cette propriété. Une lettre des plus obligeantes me permet d'en dire quelques mots. Cette construction date du milieu du XVIIe siècle et porte le cachet de celles faites sous Louis XIV. Une élégante chapelle couverte en dôme à quatre pans et détachée du corps de logis en fait le principal ornement.

APPENDICE.

Depuis mes publications sur les châteaux du Bas-Berry, on m'a adressé un certain nombre de lettres pour me fournir des renseignements nouveaux et me signaler des omissions. Je vais mettre à profit les observations qui m'ont été présentées :

Parmi les renseignements nouveaux, il me faut noter, d'abord, ceux qui sont relatifs au *château de Romsac*, que je n'ai fait que nommer au commencement de la quatrième conférence. Je dois les documents dont je vais parler à l'obligeance de Mme la marquise d'Aiguirande, qui habite ce château.

L'origine et les phases de la construction du château de Romsac sont relatés avec détail dans une *Notice* écrite par messire Charles-Léon de Fournier de Carles, seigneur de Pradines, né en 1582, cadet d'une famille noble de la petite ville de Vandois, au comtat Venaissin proche le Dauphiné.

Charles de Pradines entra au service en 1603 ; il suivit M. de Châtillon en Hollande ; il fut blessé par une grenade au siége d'Ostende ; en 1606, il s'attacha au comte de Fiesque et le suivit en Italie en 1606. Il suivit ensuite la fortune du marquis d'Effiat, premier écuyer de la grande écurie de Louis XIII, qui lui envoya, en 1618, la provision d'écuyer du roi. La même année, il épousa Pérone de La Palie, et son contrat de mariage fut passé à Levroux, où elle habitait. Il suivit le marquis d'Effiat dans plusieurs campagnes et voyages ; il l'accompagna surtout lorsqu'il fut nommé ambassadeur extraordinaire en Angleterre au sujet de l'alliance entre Henriette, fille de France, sœur du roi, et Charles, prince de Galles, depuis le roi Jacques Ier. Il s'acquitta ensuite de diverses missions pendant le siége de La Rochelle. En 1627, sa femme fut nommée gouvernante des filles d'honneur de la duchesse d'Orléans.

Pradines pensa, en 1628, à acheter la propriété de Romsac pour y faire sa retraite. La maison ne consistait alors qu'en quelques bâtiments entourés de murailles, qui étaient cependant fermées par un pont-levis. Tout à côté était la métairie de La Porte. L'acquisition fut faite moyennant 4 mille livres et 200 livres pour les épingles. Les vieilles maisons furent abattues et remplacées par des corps de logis et des pavillons, d'après les plans qui lui furent donnés par Mercier, architecte du cardinal de Richelieu et du marquis d'Effiat. Il agrandit son domaine en achetant, peu après les domaines de la Paillaudrie et de Courcevault, et il fit venir de Chilli le jardinier du marquis d'Effiat, pour dresser ses parterres et ses avenues.

Le roi lui accorda une pension par son brevet et lettre du 16 novembre 1629, et, en 1631, le marquis d'Effiat, devenu maréchal et grand-maître des usines et minières de France, lui donna des lettres de lieutenant des dites mines et minières dans la province de Lionnais, Forez et Beaujolais, qui lui furent expédiées le 15 janvier.

Après la mort du marquis d'Effiat, qui arriva en 1632, Pradines continua à s'occuper des affaires de sa veuve, mais en même temps il se consacrait aux soins de son château de Romsac. En 1658, il y ajouta la métairie de Fougères, ainsi que d'autres terres. A l'âge de 70 ans, il se retira tout-à-fait à Romsac, et y continua les embellissements de sa demeure et de sa propriété, qu'il augmenta encore en y joignant la métairie de la Drjanderie.

Il avait trois fils. L'aîné épousa Johanne de Saumery, et eut des enfants mâles. Il avait écrit sur sa maison de Romsac qu'il avait dédiée à l'union et à la paix de ses fils : *Pace et concordià fratrum.*

Après la famille de Pradines, le château et la terre de Romsac furent possédés par le comte de Longounet qui était seigneur des communes de Baudres et de Rouvres ; et ce ne fut qu'en 1788 que la famille d'Aiguirande en fit l'acquisition.

Nous avons sous les yeux une généalogie de la famille d'Aiguirande, par Lainé ; elle est extraite du tome 1er des *Archives généalogiques et historiques de la noblesse de France*, dont nous extrayons ce qui suit :

La maison d'Aiguirande a pris son nom de la petite ville d'Aiguirande, arrondissement de La Châtre. (1). Raoulin d'Aiguirande, surnommé du Plaix, seigneur du Plaix, dans la Marche, fit en 1317 une donation à Isabelle de Vernaye, sa femme. De ce mariage provint Jean 1er d'Aigurande, seigneur de Salvert, qui, en 1366, reconnut tenir en fief et hommage lige, de noble et puissant homme Louis de Brossi, divers héritages si-

(1) L'orthographe d'*Aiguirande* est passé en usage.

tués à Salvert. Jean II d'Aiguirande assigna, en 1317, par contrat de mariage, à Jeanne, sa fille, divers droits paternels, maternels et fraternels. — Louis Ier d'Aiguirande, seigneur du Plaix, du Cher, de Farges, de Liseray, épousa Huguette d'Aubusson. Pierre Ier d'Aiguirande, seigneur du Plaix, du Cher, de Beauvoir, conseiller et maître d'hôtel du roi, épousa Marguerite de la Cour. Il fut choisi pour être témoin du contrat de mariage de Jean de Bourgogne, comte de Nevers, avec Paule de Brosse de Bretagne. — Honoré d'Aiguirande, surnommé du Cher, fut maître d'hôtel de Louis XI. Il était marié avec Gabrielle le Groing de Villebouche. Pierre II d'Aiguirande, chevalier, seigneur des seigneuries précédentes, épousa en 1518, Gilberte de Pierrefont. Jean III, chevalier, seigneur du Lyon, du Plaix, du Cher, de Beauvoir, de Courcelles, lieutenant de 50 hommes d'armes des ordonnances du roi, et l'un des 100 gentilshommes de la maison de François Ier, avait épousé en 1545, Gilberte de la Forest. François Ier d'Aiguirande, seigneur des mêmes seigneuries, épousa, en 1578, Louise de Lanvault. Pendant les guerres civiles, il fut tué dans sa seigneurie du Plaix. François II d'Aiguirande, seigneur du roi, des Ternes et des autres seigneuries, fut marié, en 1613, avec Gabrielle de Vignolles. Il fut inhumé, en 1659, dans l'église de Bonnat. — Gilbert d'Aiguirande, seigneur des mêmes seigneuries, épousa, en 1637, Charlotte de Saint-Maur. François III d'Aiguirande, seigneur de Pouligny et des autres seigneurries, suivit sous les maréchaux de Créquy et de Turenne, dans le 1er escadron de l'arrière-ban du Berry : il épousa, en 1663, en premières noces, Gervaise de Montostre, et, en secondes noces, en 1682, Agnès de la Celle. Louis II d'Aiguirande, chevalier, seigneur des mêmes seigneuries, se maria, en 1699, avec Edmée de Nerchèze. François IV d'Aiguirande, seigneur de Lery et des autres seigneuries, épousa, en 1725, au château de Velleuston, Marie de La Celle. — Jacques, comte d'Aiguirande de Pouligny, chevalier, seigneur de Pouligny, de Villedieu, de Mehun-sur-Indre, de Bois-Robert, de la Tour de Ramsay, fut nommé capitaine au régiment de Clermont, prince, cavalerie. Il avait épousé Mathurine de Vassé. — Charles d'Aiguirande, né au château de Villedieu, en 1765, a été capitaine au 46e régiment d'infanterie en 1792. Il est décédé, en 1827, en laissant du mariage qu'il avait contracté en 1810, Alexandre-Charles-François-Xavier, comte d'Aiguirande, né en 1815, lequel a épousé, par contrat passé au château de Marécreux, canton de Buzançais, le 10 avril 1837, Louise-Caroline-Clémence de Poix, fille du comte de Poix, maréchal de camp, lieutenant des gardes-du-corps du roi. C'est cette dame, qui est veuve depuis longtemps, qui habite aujourd'hui le château de Romsac ; elle a des filles, mais pas d'enfant mâle.

Les constructions de Pradines ont beaucoup vieilli et sont, dit-on, irréparables. Mme la comtesse d'Aiguirande a fait arranger l'aile droite où elle habite. La terre de Romsac compte aujourd'hui deux mille hectares ; on arrive au château par une belle avenue ; le parc est arrangé avec soin ; une allée des bois, a, en ligne droite, huit kilomètres.

Les armes de la maison d'Aigurande sont : *d'or, au lion de sable, lampassé et armé de gueules. Couronne de marquis. Support : deux lions.*

Lorsque nous avons parlé du *château de Bouges*, nous avons omis d'ajouter un historique dont nous avons pris connaissance dans notre visite chez M. Henri Dufour.

Catherine de Médicis était fille de Laurent II de Médicis, duc d'Urbin ; sa mère était Madeleine de La Tour d'Auvergne. Catherine, en outre d'autres biens, possédait du chef de sa mère la terre de Bouges. Par lettres-patentes, données à Fontainebleau, le 2 janvier 1567, elle donna, de l'autorité et permission du roi Henri II, son époux, par donation *irrécovable*, à messire Jean-Baptiste *Seghiso*, son premier maître d'hôtel, la moitié de la châtellenie, terre et seigneurie de Bouges, Linières, Bretagne et La Champenoise, sans autre chose retenir et réserver, sinon la foi et hommage. Par contrat de mariage, fait et passé par devant Noël Richard, notaire royal et tabellion en la prévôté du roi au château de Saint-Germain-en-Laye, le 2 mars 1548, le dit messire Jean-Baptiste Seghizo, donna à Marc-Antoine Seghizo, son neveu, et à demoiselle Catherine Maignant, son épouse, la moitié du dit don, qui est un quart de la châtellenie de Bouges, et ce, de l'accord du roi et des donateurs. Plus tard, Marc-Antoine Seghizo, premier écuyer tranchant de la reine, devint propriétaire de la châtellenie entière.

Je dois rectifier, dans cet appendice, une erreur au sujet de la *Tour de Bon-An*, dont il est question à la page 81, article *Levroux*. Cette tour de Bon-An n'existe plus ; elle paraissait d'origine romaine ; une maisonnette d'agrément est aujourd'hui à sa place.

J'ajouterai que les deux tours réunies par un corps de logis, dont on remarque encore les restes, auraient été bâties, d'après M. Lemaigre, ancien archiviste de l'Indre, par Bertrand Ier de La Tour, et par sa femme, Jacquette du Peschin, peu de temps après leur mariage. Au-dessus du portail du corps de logis, ils firent incruster le tableau des armoiries de leurs maisons. La *croix ancrée* exprimait les armes de la maison noble de Peschin, et le *gonfanon*, celles des comtes d'Auvergne. Voici les alliances de ces deux puissantes maisons qui ont successivement possédé la seigneurie de Levroux et ses divers châteaux, et qui sont la source des deux écussons accolés, aujourd'hui effacés (1).

Blanche Le Bouteiller de Senlis, dame de Levroux, dont l'illustre famille tirait son origine des comtes de Senlis, et avait pris son nom de sa charge héréditaire

(1) Selon M. l'abbé Damourette, le premier qui habita ce château fut André de Chauvigny, seigneur de Levroux et de Villedieu, qui vivait sous le règne de saint Louis. Ses fils et petit-fils, Jean Ier, Jean II et Jean III lui succédèrent dans cette possession. Cette branche des Chauvigny n'ayant plus eu d'enfant mâle, Blanche de Senlis, héritière par sa mère, Blanche de Chauvigny, de la terre de Levroux, la porta, en 1376, dans la maison des La Tour d'Auvergne de la branche des seigneurs de Boulogne-sur-Mer. Le fief de Levroux demeura en leur possession depuis 1376 jusqu'en 1581. Catherine de Médicis, héritière par sa mère, Madeleine de La Tour d'Auvergne, du fief de Levroux, conserva cette terre sa vie durant, et si elle la donna à sa cousine, sa dame d'honneur, Alphonsine de Strozzi, ce ne fut que dans sa vieillesse et peu de temps avant sa mort. Catherine de Médicis fut dame de Levroux pendant un demi-siècle au moins. Alphonsine de Strozzi porta la seigneurie de Levroux dans la maison des Fiesques, de Gênes, qui furent exilés de leur patrie à cause de leur attachement à la France. Un des Fiesques, de Levroux, fut tué au siége de Montauban. On voit encore son médaillon funéraire dans le chœur de l'église collégiale de Saint-Sylvain de Levroux. Des Fiesques, la seigneurie de Levroux passa aux mains du marquis de Longonnay.

de Bouteiller ou échanson du roi, l'un des cinq grands offices de la couronne, épousa, en premières noces, en 1365, Imbaut, seigneur du Peschin, et lui apporta en dot la terre de Levroux. De ce mariage naquit un fils : Louis, seigneur du Peschin, de Moncel, d'Artonne, etc., en Auvergne, et de Levroux en Berry ; il prenait le titre de chevalier et chambellan de Jean, duc de Bourgogne et d'Auvergne. Il épousa Yseul de Seully (Sully), fille de Guillaume de Seully, seigneur de Vouillon, et d'Yseul de Séris. De ce mariage sortit une fille unique, Jacquette du Peschin qui épousa, en 1416, Bertrand Ier de La Tour d'Auvergne, et qui, par ce mariage, devint seigneur de Levroux.

Mme la marquise d'Aigurande a fait l'acquisition des vestiges du château, et le soubassement d'une des tours sert de caveau funéraire à plusieurs membres de sa famille.

Il y a aussi à ajouter quelques détails sur le *château de Sainte-Fauste*, dont il n'a été dit que deux mots à la page 107. Ce château se manifeste par un bâtiment flanqué d'une grosse tour et de plusieurs petites. Nous trouvons dans l'inventaire des Titres du duché-pairie de Châteauroux, année 1475, une vente par Guillaume de Séris, écuyer, seigneur de Vouillon, et dame Marguerite de Beaujeu, sa femme, à Antoine Rieu, seigneur de La Ferté-Sainte-Fauste, de toute la justice haute, moyenne et basse, dans l'étendue de la paroisse, avec le droit d'hommage au seigneur de Châteauroux ; et, en 1636, une vente faite par Louis Demeurol, et Jeanne de Menou, son épouse, à Messire Pierre Dubois, chevalier, seigneur de Menetou, du château, terre et seigneurie de La Ferté-Sainte-Fauste, métairie, bois et dépendances d'icelles, à la charge des droits et devoirs seigneuriaux envers le seigneur de Châteauroux, et du droit de dîmes envers le seigneur de Diors. En 1638, échange fait entre Messire Pierre Dubois, chevalier, seigneur de Menetou, et Messire Jean Mustel, sieur de Beauregard, par lequel le dit seigneur de Menetou cède au sieur de Beauregard, la seigneurie de La Ferté-Sainte-Fauste, à la charge des droits et devoirs seigneuriaux, et du droit de dîmes envers le seigneur de Diors.

Nous ajouterons enfin quelques mots sur *Plain-Courault*, qui était une commanderie de l'ordre de Malte, annexe de celle du Blison. On lit, sur le mur, à côté de la porte gothique de l'escalier du château, une vieille inscription en caractères du temps, dont voici la reproduction littérale :

L'an : de : lincarnation : Nostre-Seignevr : mil devx cens quatre:vingt:XI : fist : faire : ceste : sale : frère : Gvys : de : Caveron : chevaliers : de : Hospital : par : lvi :

Cette date est importante en ce qu'elle donne l'époque précise de la construction de ce château (de ceste sale). On peut voir d'après cela, quel était alors, dans nos contrées, l'emploi de l'ogive, des pinacles appliqués, des meneaux croisés, etc.

Le *château de Rochefort*, sur la Creuse, dont il a été fait mention à la fin de la deuxième conférence, a été bâti, au XIIIe siècle, par un La Trémouille. Il passa, par une alliance, aux mains des d'Aloigny, qui en prirent le nom et le possédèrent pendant près de 400 ans. Ces derniers seigneurs devinrent plus célèbres par les pillages qu'ils firent des biens de l'abbaye de Fontgombaud, et les portraits sanglants que traça d'eux le satirique Saint-Simon, que par les hauts faits des lieutenants-généraux et du maréchal qu'ils fournirent à la France.

Nous nous faisons un devoir de publier la lettre suivante qui nous a été adressée par M. A. Letellier ; elle réparera quelques omisions qui nous sont échappées en parlant des châteaux de l'arrondissement de La Châtre.

A M. le Docteur Fauconneau-Dufresne.

« Un des abonnés du *Moniteur de l'Indre*, qui ne manque pas de lire vos intéressantes chroniques sur les vieux châteaux du Berry, serait satisfait de vous voir dire quelque chose sur quelques vieux fiefs de notre arrondissement.

Il y a la *Tour Gazeau*, qui figure souvent dans le roman de *Mauprat*, de Mme G. Sand. Cette vieille construction se détache seule aujourd'hui vigoureusement dans le milieu des bruyères qui l'entourent. On dirait de loin un vieux phare délaissé.

Non loin de Sainte-Sévère, dans une fraîche vallée, arrosée par les eaux vives de l'Indre, se trouve le *vieux castel de la Côte-Perdrix*. M. le marquis de Villaines en est propriétaire. Le château est tout-à-fait ruiné.

Plus loin, le *château de Briantes* se dresse encore dans tout son entier. La hardiesse et la construction de sa toiture, ainsi que les lanternes qui couronnent le faite des tours, rappellent l'époque de la Renaissance. Une porte d'entrée, placée au bas du donjon, excite l'admiration par la saillie et la pureté des lignes de ses sculptures. Il est fâcheux que le bel écusson qui la surmontait n'ait pu trouver grâce devant le marteau révolutionnaire. La partie nord-est du castel baigne encore ses pieds dans les eaux des fossés, tandis que la partie opposée est entièrement convertie en jardin. Cette terre appartenait avant 1789 à M. de Villaines; aujourd'hui elle est possédée par M. Georges Pelletier, fermier de M. Simons, à Veniers.

Comme enfant de *La Châtre*, un mot sur son *vieux château*, actuellement la prison, me rendrait heureux (1).

En quittant La Châtre et en suivant le cours de l'Indre, nous trouvons le *château de Montgivray* (2) (ancienne commanderie des Templiers), parfaitement rétabli par les soins de Mme Clésinger. Il me semble avoir lu quelque part que le châtelain d'Ars rendait foi et hommage à celui de Montgivray.

Sur la route de La Châtre à Neuvy, il existe, en face de Fougerolles, le *Castel de Fromenteau* qui s'élève sur une hauteur. Le style est moyen-âge. Il a été et est encore dans les mains de la famille Buchepot, résidant à Orléans.

Nous avons encore, entre St-Chartier et Thevet-St-Julien, le *château de Breuillebaud*, bâti sur les bords de l'Igneraie. La famille de Villaines l'avait avant 1789 ; la famille Daudon l'a possédé, puis M. Morand, et enfin M. Albert Lemoine, de St-Amand-Montrond, l'a acquis et en a achevé la destruction. Les châteaux de Briantes et de Breuillebaud figurent dans le roman de *MM. de Bois-Doré*, de Mme G. Sand.

Il ne reste plus, dans notre voisinage, que les deux *châteaux de La Berthenoux et de St-Août*. M. Pomiers est propriétaire du premier, et M. de Martigné du second. Ces deux castels furent ravagés, au moyen-âge, par les hordes anglaises.

Je vous prie, monsieur, de vouloir bien prendre en

(1) Il en a été question dans la 3e conférence.

(2) Nous n'avions fait que mentionner les châteaux de Montgivray, de Briantes, de Frementeau et de La Berthenoux.

bonne part la liberté que je prends de vous écrire ; le plaisir seul de vous lire plus longtemps a été mon unique mobile.

Agréez, etc.

A. Letellier,

à la Roche, commune de St-Chartier.

Je remercie M. Letellier de sa communication. Si je n'ai pas parlé ou ne me suis pas arrêté dans les castels qu'il a bien voulu m'indiquer, c'est que je ne possédais à leur sujet aucun renseignement.

Je terminerai mon travail sur les châteaux, manoirs et habitations notables du Bas-Berry, en indiquant, par arrondissement, ceux dont je n'ai pas fait mention.

Arrondissement de Châteauroux Château de Menas à M. de Boulimbert. Il a été bâti par M. Crublier de Miran. — Chamoy, à M. Stanislas Desjobert. — La Partelière à M. Arthur Desjobert. — La Tannerie, à Villegongis, à M. Léopold Lataille. — Les Noyers, au colonel d'Auvergne. — La Ponnerie, à M. Vidaud. — Fléré-la-Rrivière, à M. Piquenon de Crémille. — Château de Pensières, près Arpheuilles. — Château de la Forge de Bonneau, à M Couton, qui y a établi un ouvroir de jeunes filles. — La Perrière, à M. Pichot. — Champboisé, à M. Gallien. — Villevassol, à M. Gâsté. — Vins, à M. Rayet. - Villadon, à Mme de Boeredon. — La Touchette, à M. de Pardaillan. — L'hotiers, ancien prieuré, à M. Matheron. — Labrauderie, à M. Barboux. — Le Poinconnet à M. Jallerat et les Divers à la famille Montel.

Arrondissement d'Issoudun. Venay, à M. Dacher de Mélonie. — La Gauthière à M. de Cordoue. — Les Gérard à M. Gagnant-Martin. — La Mortaigne, à M. David Proteau. — Pellegru, à M. Huart de Verneuil. — Chauday, à M. de Camecy. — Volvaud, à M. Mouniers. — Favrille, à M. de Lapparent. — Poudrou, à M. de Neigre d'Eclat. — Château-Gaillard, à M. Améda Hémery. — Coners, à M. Cottard. — Bois de Luc, à M. Moreau, ancien banquier.

Arrondissement de La Châtre. Le Coudray, à Mme Robin du Vernet. — Virolan, au docteur Dumonteil.

— Les Ferrons, à M. Viljovet. — Belair, à M. Bourdillon. — St-Denis de Joubet, à Mme Richter. — Forges, à M. Philips. — Perasset, à M. de Laroche-Thulon. — Lava'la à M. Villeneuve. — Fins, à M. Ludre Gabillaud. — Planet, à M. Rigodin d. Planet. — Lalœuf, ancien fief, à Mme Bernard. — Il faut noter particulièrement la belle maison construite, près St Chartier, par le docteur Pestel.

Arrondissement du Blanc. La Choletière, à M. de Pully. — Ruffec, à M. Bethmont. — Le Terrier, à M. Pinault. — Lafond, sur la Creuse et Fontmorand, sur 'Anglin.

FIN.

ERRATA.

—

Page 10, ligne 40, au lieu de : Thaumassière, lisez . La Thaumassière

P. 11, ligne 21, après : *Ruis*, ajoutez : en Bretagne

P. 13, ligne 33, au lieu de : vint, lisez : vient

P. 15, ligne 41, après Bourges, mettez : .

P. 17, ligne 4, après : corde, mettez : ,

P. 17, ligne 29, au lieu de : qu'ii, lisez : qu'il

P. 18, ligne 13, après : l'ordre, mettez : ,

P. 18, ligne 43, après : nus, mettez : .

P. 18, ligne 45, au lieu de : *Sarzay*, lisez : *Jarzay*

P. 19, ligne 8, après : réparée, mettez : ;

P. 19, ligne 41, après : cet effet, mettez : .

P. 31, ligne 27, au lieu de : Duguesclin, lisez : du Guesclin.

P. 35, ligne 11, avant : pendant, mettez : ,

P. 37, ligne 42, après : le Fort, mettez : ,

P. 39, ligne 30, au lieu de : crénaux, lisez : créneaux

P. 41, ligne 35, après : de là, ajoutez : est

P. 41, ligne 37, au lieu de : Loisellier, lisez : Loisillier

P. 49, ligne 24, après : de la cour, mettez : .

P. 53, ligne 5, au lieu de trouva, mettez : remarque

P. 57, ligne 16, après : lit, mettez : ayant

P. 57, ligne 17, après : soupir, mettez : ,

P. 57, ligne 39, après : tour-à-tour, supprimez : la

P. 58, ligne 24, après : de l'Indre, supprimez : et

P. 58, ligne 25, après : *biographiques*, ajoutez : et habité par cet auteur lui-même

P. 58, même ligne, au lieu de : habité, lisez : possédé

P. 59, ligne 9, au lieu de : Brennes, lisez : Brenne

P. 69, ligne 40, au lieu de : la reconstitua, lisez : reconstitua cette propriété

P. 68, ligne 24, après : passa, mettez : »

P. 70, ligne 45, Villeneuve, lisez : la Villeneuve

P. 71, ligne 17, après : fief, ajoutez : de

P. 72, ligne 38, après Courcenay, ajoutez : Geoffroy de Boisé, écuyer, donna le dénombrement de Courcenay au seigneur de Châteauroux, le lundi avant la Saint-Pierre d'août 1373.

P. 73, ligne 4, au lieu de : la Broutet, lisez : le Broutet.

P. 73, ligne 27, après : Perrot, mettez : ,

P. 74, ligne 42, après : bleuâtre, ajoutez : un pont vient d'être construit sur la Bouzanne au-dessous du château de Prunget.

P. 76, ligne 35, après : Bernard, ajoutez : qui a construit une maison nouvelle à la place des anciens bâtiments d'habitation

P. 77, ligne 38, au lieu de : *O château*, lisez : château

P. 78, ligne 41, au lieu de : base de sa, lisez : base de la :

P.. 80, ligne 22, au lieu de : montent le, lisez : montant au

P. 82, ligne 27, au lieu de : Mahmont, lisez : Mahmout,

P. 83, ligne 4, au lieu de : 1872, lisez : 1702

P. 85, ligne 37, après : se trouvent, mettez : ,

P. 97, ligne 32, après : rendue, mettez : ,

P. 107, ligne 7, au lieu de : La Rochefoucault, lisez : La Rochefoucauld

P. 108, ligne 16, au lieu de : bâti, lisez : bâtie

P. 108, ligne 29, effacez depuis : au-delà, jusqu'à : près de, à la ligne suivante ; lisez à la place : il faut encore noter

P. 108, ligne 34, au lieu de : Bois-d'Haut, lisez : Bois-d'Hault

P. 116, ligne 40, après : créneaux, supprimez : ;

P. 116, ligne 42, au lieu de : de la crête, lisez : du sommet

P. 125, ligne 34, au lieu de : qu'il a fait, lisez : qu'il a faite

P. 139, ligne 21, au lieu de : héritière de Aimé, lisez : héritière de Anne

P. 140, ligne 33, au lieu de *seigneurie de Milly*, lisez : *seigneurie de Migny*

TABLE DES MATIÈRES.

—

Conférences sur les anciennes Abbayes et sur les Châteaux du Bas-Berry.

—

ABBAYES.

PREMIÈRE CONFÉRENCE.

CHATEAUX.

DEUXIÈME CONFÉRENCE.

TROISIÈME CONFÉRENCE.

APPENDICE.

www.ingramcontent.com/pod-product-compliance
Lightning Source LLC
Chambersburg PA
CBHW052357090426
42739CB00011B/2405

* 9 7 8 2 0 1 2 5 3 2 1 4 4 *